KB178440

당신의 세계는 안녕한가요

## 영화 입장권

2033-06-26 18:00        [전체 발권]

# 당신의 세계는
# 안녕한가요

### 헝클어진 인생에 자그마한 볕이 된 영화들

류과·로사·소피·왈라비·또아 지음

틈새책방

# 차례

당신도 나처럼 연결되어
한결 안녕해지기를

어떤 영화가 좋은 영화인지, 또 그 속엔 얼마나 심오한 의미
가 깃들어 있는지 해부하는 비평집은 많다. 하지만 한 편의
영화와 오롯이 접속하기까지 내 삶의 궤적이 어떠했는지를
담담하고 적나라하게 고백하는 영화 에세이는 드물다. 그것
도 이 책 속에선 한 사람이 아닌 다섯 사람의 삶이 영화 장면
이 그렇듯 불가항력적으로 흐른다. 영화보다 영화 같은 것
은 이 평범한 삶 속에 있다. 남들보다 특별한 일을 하는 것처
럼 보이는 영화업계 종사자들일 수도 있고, 출퇴근과 직장
내 스트레스를 고민하는 여느 평범한 회사원들일 수도 있는
5인은 팟캐스트 〈퇴근길 씨네마〉로 처음 모인 영화 애호 공
동체다.

　모두가 자기 취향을 계발하고 그것에 대해 말하거나 쓰고
자 하는 시대에 '리뷰'는 흔해진 만큼 귀해졌다. 우리는 어디
에나 접속해 무언가에 대해 발언할 수 있지만, 한 편의 견해

와 감상에서 필자의 존재를 손끝으로 촉각화하기란 더욱 어려워졌다. 내가 이 책에서 받은 감동은 우리가 어떤 영화를 사랑한다고 말할 수 있는 이유, 낯선 영화를 받아들여 '나의 영화'라고 감각하게 되는 느낌에는 언제나 생으로부터의 선명한 출처가 있다고 밝혀 주는 5명의 '퇴근자들'에게 나왔다.

그것은 기억과 경험의 조각이 영화와 만나 부지불식간에 정렬되는 놀라운 자기 인식의 순간으로 펼쳐지기도 하고, 때로는 내면에 깊이 뿌리 내린 신념의 반짝임처럼 나타난다. 류과, 로사, 소피, 왈라비, 또아의 고백은 내 일기의 한 귀퉁이를 펼쳐 보는 듯 현실적이지만, 그들의 마침표는 끝내 경쾌하게 튀어 오른다. 매일 '일'하고, 좋아하는 것에 대한 '좋아함'을 멈추지 않는 사람들에겐 자신도 모르는 힘이 내재되어 있다.

20대 후반부터 40대 후반의 나이를 지나는 이들은 다양한 삶의 레이어와 생애 주기를 숨기지 않는 솔직한 시선으로 26편의 영화를 읽는다. 그 선택은 종종 〈어나더 라운드〉와 〈동사서독〉을 묶어 술의 정동을 탐색하는 엉뚱하고 흥미진진한 큐레이션까지 보여 준다. 그들의 세계는 장면과 인물, 이야기를 재료로 삼아 나이와 성별에 구애받지 않는 평등한 공감의 가능성을 약속한다. 매일 일하는 사람들, 직장인의 구력만큼 무언가를 사랑하는 데 뛰어난 애호의 베테랑들이라면, 이 책이 나누는 우정에 금세 설득될 것이다. 또 그들처럼 쓰고 말하는 실천의 자리를 내 것으로 만들고 싶어질지도 모르겠다.

〈찬실이는 복도 많지〉에서 최상급의 경탄으로 속절없이 "영화 같아요!"라고 말하던 찬실처럼, 인생의 지리멸렬한 시련과 그보다 복잡한 아름다움을 영화에 빗대는 것만이 가장 자연스러운 이들의 고백을 나는 지지한다. 작은 모임에 참가해 영화의 친구를 찾은 것 같은 이 책의 마지막 장을 덮고 나서 나는 조금 덜 외로워진 것을 알아차렸다. 당신도 그렇게 되기를, 연결되어 한결 안녕해지기를.


김소미 | 영화 주간지 〈씨네21〉 기자

영화를 통해 구원을 받은 이들

우리는 왜 영화를 볼까. 우리가 영화를 통해 정말 경험하고 발견하는 건 무엇이기에, 이제 겨우 100년의 역사를 넘긴 이 신생 매체에 이토록 많은 사람들이 속절없이 빠져드는 것일까. 그토록 큰돈과 시간과 정성을 쏟아 가며 절절한 사랑과 믿음을 고백하면서, 영화가 자신을 조금은 구원했노라 확신하는 것일까. 대체 영화가 뭐길래.

《당신의 세계는 안녕한가요》의 저자 류과, 로사, 소피, 왈라비, 또아는 영화를 좋아해 업으로 삼은 것도 모자라 퇴근 후에도 이야기를 멈추지 못하는 진짜 영화 팬들이다. 이들은 매일 반복되는 평범한 일상을 오롯이 살아 내는 동안, 그런 일상을 완전히 뒤흔드는 크고 작은 사건들과 갖가지 고민들을 영화를 통해 깊숙이 들여다본다. 영화를 거울삼아 끝없이 자신을 반추하고 삶을 성실히 조망한다. 힘겹게 지나온 아픈 과거를 담담히 돌아볼 때도, 한계와 실패로 가득한 현실을 똑바로 대면할 때도, 예측 불가의 막막한 미래를 온전히 받아들이며 전진할 때도, 이들은 영화와 함께 생각하고 고민하고 행동한다. 영화 속에서 진짜 삶을 발견해 나가는 이들에게 영화는 더는 꿈이 아니라 살아 숨 쉬는 지금 이 순간의 현실이 된다.

이 스물여섯 편의 지고지순한 러브레터들을 하나둘 훔쳐보고 있노라면, 누구라도 나처럼 자신만의 영화를 향한 러브레터를 쓰고 싶은 마음이 간절해질 것이다. 나는 왜 영화를 볼까, 그간 어떤 영화들이 내 삶의 어떤 순간들에 손 내밀어 나와 함께해 주었을까, 대체 내게 영화란 무엇일까 골똘히 고민하면서.

윤가은 | 영화감독, 〈우리들〉(2016)

출판사로부터 팟캐스트 〈퇴근길 씨네마〉로 책을 한번 써 보
자는 제안을 받은 것은 제법 오래전 일이다. 멋진 도전이라
고 생각하며 구체적으로 글감을 구상해 본 적도 몇 차례 있
었다. 하지만 그때마다 하얀 모니터를 몇 시간씩 응시하다
닫아 버리기를 반복했다. 흔해 빠진 영화 감상문들을 엮은
책이 될 거라는 예감이 시작도 하기 전부터 기세를 꺾어 놓
았다. 영화 리뷰야 도처에 널려 있고, 깊이 있는 평론을 해
보자니 그걸 업으로 살아가는 영화 평론가를 따라갈 수 없
었다. 우리가 더 잘할 수 있는 특별한 영화 이야기가 뭘까?

그러던 중 교원 연수 기관에서 영화 커리큘럼의 동영상
강의를 〈퇴근길 씨네마〉가 맡아 달라는 요청이 들어왔다. 명
색이 대한민국 3대 영화 팟캐스트지만 영화를 주제로 강의
를 해 본 적은 없었기에 멤버들은 많은 시간과 노력을 쏟아
강의 목차를 만들고 대본을 썼다. 카메라 울렁증을 평계로

한 발 물러서서 검수 정도만 하고 있던 나는 멤버들의 대본을 읽다가 "유레카!"를 외쳤다. 이론 강의의 따분함을 덜어 내기 위해 멤버들은 영화 이야기 안에 자신의 경험이나 소소한 일상을 버무려 놓았는데, 그 부분이 새롭고 흥미진진했다. 강의를 이해하는 데에도 도움이 됐지만, 해당 영화를 찾아서 보고 싶은 욕구도, 글쓴이에 대한 호기심도 함께 커졌다. 강의 대본을 바로 출판사로 보냈고, 그 대본에서 생겨난 씨앗이 꾸역꾸역 자라나 이렇게 흔치 않은 영화 에세이 《당신의 세계는 안녕한가요》가 되었다.

〈퇴근길 씨네마〉를 만들면서 사람들에게 가장 많이 들은 말은 공교롭게도 "잘 듣고 있어요."가 아니라 "아직도 해요!?"였다. 2017년 3월 〈라라랜드〉가 여전히 몇몇 극장에서 상영되고 있던 시절에 시작했으니, 어찌 보면 오래 하기는 했어도, 딱히 중단해야 할 이유를 찾는 게 더 어려운 일이었다.

사랑하는 영화감독 고(故) 프랑수아 트뤼포(François Truffaut)는 "언제 어디서 어떤 이유로 단순한 영화광에서 비평가가 되고 감독이 되었는가?"라는 질문에, "그건 나 자신조차 알수 없다. 확실한 것은 할 수 있는 한 영화에 가까이 다가가려고 한 것뿐이다."라고 답했다. 영화를 남들보다 조금 더 사랑했고, 그래서 영화에 대해 좀 더 생각했고, 결국 영화로 입에

풀칠을 하거나 유관 업계를 맴도는 사람들이 만나 영화에 관해 이야기를 늘어놓는 자리. 이제 그 〈퇴근길 씨네마〉라는 자리를 빌어 《당신의 세계는 안녕한가요》로 영화에 한 발짝 더 다가가려고 한다. 트뤼포처럼 종착지가 영화감독이 아닐 지라도, 그 끝을 아무도 알지 못하기에 우리는 이 길에서 만나는 풍경과 사람들에 여전히 가슴이 뛴다.

《당신의 세계는 안녕한가요》는 느리고 조용히 삶에 스며들어서 각자의 의미로 재해석되어 함께 버텨 주고 있는 영화들에 관한 스물여섯 편의 이야기다. 필진인 류과(#월급쟁이 #나이 #훈육 #술 #기레기), 로사(#육아 #부부 #서핑 #비밀 #언니 #층간소음), 소피(#취향 #우정 #욕망 #일 #순간), 왈라비(#아버지 #집 #실패 #직장 #선택), 또아(#사랑 #분노 #관계 #죽음 #인정 #가족)는 40대 후반부터 20대 후반의 나이에, 삶의 궤적 차이만큼이나 다양한 시대적 고민, 취향, 라이프스타일을 가졌다. 그래서 필진들이 영화에서 발견한 보석 같은 질문들이 조금이나마 독자의 삶의 경계를 확장하고 다채로운 울림을 주었으면 하는 바람이다.

저자로는 참여하지 못했지만 예나 지금이나 〈퇴근길 씨네마〉의 정신적 지주인 "난 아직…" 최 감독 님(드라마 〈구필수는 없다〉 감독), 영원한 메인 MC "잘 자요~" 강도 님(빅퍼즐문화연

구소 소장), 구 비주얼 담당 "라이언 유슬링" 씬 님(구 멀티플렉스 프로그래머), 퇴씨 최초 영화 평점 3점 시대를 열어젖힌 "노빠꾸" 정평 님(음악 평론가), 명실상부한 에이스이자 하이퍼리얼리스트 "사실…" 하로 님(영화 수입자)에게 이 말씀을 꼭 전하고 싶다. "남의 인세를 탐하지 말라!"

끝으로 지금까지 〈퇴근길 씨네마〉를 이만큼 자라게 해 주신 모든 '퇴그니' 분들께 진심으로 감사드립니다.

"퇴근합시다!"


류과

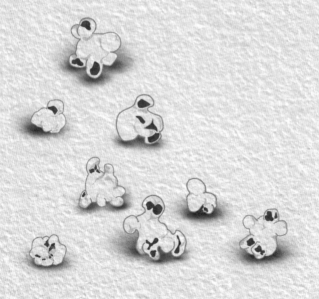

# PART I.

## 류과의 세계

자
산
어
보

– **개봉** 2021년
– **감독** 이준익
– **출연** 설경구, 변요한

# 나만의 자산도(玆山島)를
## 찾아서

고약한 증상이었다. 두통이나 소화 불량이라면 오히려 견딜 만했을 것이다. 새로운 임원이 부임한 후 나를 찾아온 스트레스는 하필이면 안면 근육을 괴롭혔다. 회의에 들어가 앉기만 하면 스위치를 올린 듯 왼쪽 눈가가 사르르 떨려 왔는데, 회의실 안에 산소가 줄어들 무렵이면 손으로 누르고 있어야 할 정도로 떨림이 심해졌다. 말하지 않을 때에는 회의 참가자들의 시선이 나에게로 향하지 않으니 괜찮았지만, 내가 말을 해야 할 때에는 참 난감했다. 주인 없는 카페 진동 벨처럼 부르르 울어대는 눈 밑의 살을 아무렇지도 않은 척 자연스럽게 눌러 줘야 했으니…. 제법 괜찮은 자세를 찾아 냈는데, 턱을 괸 듯 안 괸 듯 건방져 보일 수도 있어서 타이밍과 각도를 잘 잡아야 했다.

"작년 대비해서 시청률이 자꾸 떨어지는 이유가 뭐예요?"

"전체 TV 시청량이 줄었습니다. 그리고 작년에는 장마철

이 길어서 집에 머무는 인구가 많았는데 올해는 비가 오지 않아서 야외 활동이…"

"아니 아니 그런 거 말고… 그건 결과지. 종합적으로 사고를 좀 해 봐요. 진짜 이유가 뭐예요?"

영화 〈달콤한 인생〉에서 서로에게 배신당했다고 믿는 보스와 그의 오른팔은 영화의 결정적 순간마다 자신을 배신한 '진짜 이유'를 묻는다. 이 질문이 피를 말리는 까닭은 상대가 듣고 싶어 하는 답을 알지만, 그것을 말해도 말하지 않아도 큰 문제가 되기 때문이다. 원인을 정확하게 파악하는 것은 모든 문제 해결의 시작이지만, 잘못된 질문은 문제를 더 악화시킨다. "제가 부족해서 그렇습니다. 제 잘못입니다."라고 말하며 그가 원하는 답을 들려 줄 것인가, 입을 꾹 다물고 버티기에 돌입할 것인가. 인왕산과 경희궁이 훤히 내려다보이고 따사로운 햇살이 내리쬐는 회의실이지만, 나에겐 역모죄로 끌려온 춥고 캄캄한 의금부나 마찬가지였다. '실제 의금부가 여기서 코앞 아니었나?' 부르르 떨리던 안면 근육이 금세 터져 버릴 것 같았다.

누구는 마그네슘 부족이라고 했고, 누구는 종합 비타민을 먹어 보라고 했지만 소용없었다. 뇌수마저 말려 버릴 듯한 건조하고 퍽퍽한 회의실 공기는 현대 과학이 인위적으로 만들어 낸 마그네슘, 비타민 따위가 대적할 상대가 아니었다. 결국 대부분의 직장인이 그렇듯이 내 사랑스러운 스트레스 님을 꼭 끌어안고 함께 가는 것밖에는 방법이 없었다.

직장에서 자신이 받는 스트레스의 원인을 모르는 직장인이 있을까. 다만 그 원인을 알아도 자신이 어찌할 수 없다는 것 또한 스트레스이기에 결국 '어디 나 없이 돌아가나 보자!'며 호기롭게 직장을 관두거나, 울며 겨자 먹기로 스트레스를 안고 가거나 둘 중 하나를 선택할 뿐.

몸과 마음이 너덜너덜해져 가루가 되어 갈 무렵 대규모 조직 개편이 발표됐다. 예상대로 나는 팀을 옮겨야 했다. "제가 부족해서 그렇습니다."라고 끝까지 원하는 답을 들려주지 않았지만 답은 애초부터 정해져 있었다. 새로 소속된 팀은 예산도 5분의 1, 매출도 5분의 1에 불과한 작은 팀이라 특별히 사고를 치지 않는 한 이슈가 될 일이 없는, 아무도 주목하지 않는 곳이었다. 책상에 있는 물건을 카트에 실어 새로운 팀으로 이사를 가는데, 고작 몇 미터도 되지 않는 길이 아득한 유배 길처럼 느껴졌다. 마침내 지긋지긋한 스트레스 님과의 동거를 끝낼 수 있게 되었는데, 더 이상 불합리한 고초로 괴로워할 필요가 없게 되었는데, 홀가분하기는커녕 가슴에 큰 돌덩이가 들어앉은 것 같았다. 과거에 이곳으로 발

령을 받았던 동료들 중에 구석에 숨어 서럽게 눈물을 흘리던 이들과 무관심을 이겨 내지 못하고 몇 달 만에 이직을 했던 이들이 차례로 떠올랐다.

조선 후기 정약전은 동생인 정약용과 함께 뛰어난 학식으로 정조의 총애를 받았다. 이 형제는 성리학의 경직성에 염증을 느끼다 서학에 눈을 뜨고 천주교를 가까이하게 되었다. 그러나 정조의 뒤를 이어 어린 순조가 왕위에 오르고 정순 왕후가 섭정을 하게 되면서 조선 사회 지배 체제의 근간을 위협하던 천주교에 대한 박해가 시작됐다. 정조의 든든한 지원을 받으며 서학과 성리학의 균형 속에서 실용적인 학문의 길을 모색하던 정약전 또한 정치 상황이 바뀌자 동생 정약종, 정약용과 함께 '정리 해고' 1순위로 지목된다. 이제 그들을 기다리는 것은 뱃길로만 900리 정도 떨어진 유배지 흑산도였다.

영화 〈자산어보〉는 이 시기의 정약전에 대한 이야기를 유려하고 담담히 그려 낸다. 정약전은 함께 유배 길에 올라 강진으로 떠나가는 동생 정약용에게 "살아 욕된 것은 만회할 길이 있으니 버틸 때까지 버텨 내자."고 다독이고, 작별의 순간에는 미소를 머금으며 "섬에 들어갈 일이 설렌다."

고도 했다. 하지만 끝도 보이지 않는 망망대해에 이르러 한 낱 점이 되어 버린 정약전에게 마음이라는 것이 남아 있었 을까.

다행히도 새로운 팀에 적응하는 것은 어렵지 않았다. 정확히 말하자면, 적응이라고 할 것이 따로 없었다. 메일함을 열기가 무서웠던 이전 팀과는 달리 하루에 고작 네댓 통의 메일에만 대응하면 됐고, 나를 찾는 유관 부서도 거의 없었다. 점심시간에 여유 있게 커피를 마시고 들어와도 아무 일도 일어나지 않았고 야근은 불필요했다. 무엇보다 안면 근육을 괴롭히던 살 떨림이 거짓말처럼 깨끗이 사라졌다. 할 것이라고는 바다를 보고 밥을 먹고 잠을 청하는 것뿐인 유배지에서 정약전은 "음험하고 무서운 흑산(黑山)"을 "그윽하고 살아 있는 검은색 자산(玆山)"이라 불렀다. 원망을 고이 접어 한가로움에 실려 보낸 정약전처럼 무료함이 나의 세계에 그윽하고 살아 있는 빛을 만들어 내고 있었다.

사장님들이 직원에게 강조하는 말 중 하나가 "내 회사다~ 생각하고 일하라."라는 것이다. 하지만 그렇게 생각하고 일한다고 회사가 내 것이 되는 것도 아니요, 회사의 발전이 나의 발전으로 이어지는 경우도 드물다. 오히려 고혈압, 지방

간 등의 각종 성인병을 훈장처럼 달고, 소원해진 가족과 친구들의 원망에 점점 더 내 안으로 침잠해 들어가기 일쑤다. 그럼에도 열심히 일하는 사람이 많은 이유는 자신에게 주어진 일을 다하려는 책임감과 그걸 남보다 잘 해냈을 때 얻게 되는 성취감 때문이다.

그렇게 책임감이 이끌어 준 성취에 취해 살다 보면 업무와 나를, 팀과 나를 하나로 보는, 즉 "이건 내 회사다~" 하는 경지에 오르게 되는데, 그렇게 되면 자존감을 일에서만 찾는 오류를 범한다. 회사는 기억력이 없어서 나의 헌신과 성과를 기억하지 못한다. 그때그때 상황에 따른 판단과 대응을 할 뿐이며, 상황이 바뀌면 나는 잘 써먹은 소모품 취급을 당하곤 한다.

왕이 높은 하늘로 알았으나
또한 모래알에 지나지 않고
여기에 목을 매어 살아왔던가
하늘 아래 사는 일이 먼지 속에 뒹굴면서
불어난 한을 끄집어 바다에 던지는
퍼덕이는 물고기라
저 물고기를 낚아 올려 이 다음을

처음부터 끝까지 헤아려 볼라네

— 이청리, 《신지도에 유배 온 정약전》

　정약전은 자신의 충심이 유배로 이어졌을 때 왕 또한 모래알임을 깨닫고 이제는 물고기를 헤아려 보기로 결심한다. 왕에 충언하고 나라의 기틀을 잡는 일과 물고기를 살펴보고 기록을 남기는 일은 경중이 너무도 다르지만 정약전에게는 후자가 더 없이 중요하고 뜻깊은 일이 된다.

　팀을 옮기고 석 달이 지났을 무렵, 오래도록 맘에 두었던 일을 벌여 보기로 했다. 어쩌다 시작되면 끝도 없이 이어지던 영화 이야기를 팟캐스트로 만들자는 생각. 같은 영화를 보고도 살아온 경험과 가치관, 영화에 대한 나름대로의 정의와 철학에 따라 하늘과 땅으로 생각이 갈릴 수 있다는 신기한 체험을 목소리로 기록해 사람들과 나눠 보기로 했다. 드라마를 만드는 사람, 영화를 수입하는 사람, 극장 프로그래머, 그리고 나는 직장인들을 위한 영화 팟캐스트 〈퇴근길 씨네마〉로 의기투합했다. 정약전이 배 위에 걸터앉아 청어의 배때기를 가르며 기록하던 희열을 녹음실로 가져왔다. 하루 한두 시간 야근에도 축축 늘어져 가던 정신이 녹음과 편

집으로 밤을 지새워도 이상하리만치 또렷했다. 녹음실 대여료는커녕 밥값도 되지 않는 수입이었지만 소중하고 감사했다. 이제야 비로소 내 열정을 담아낼 제대로 된 그릇을 찾은 기분, 영화는 나에게 흑산도 앞바다를 노니는 물고기였다.

> 썰물이라 바위 높고 조수 낮게 움직이니
> 바위는 그대로건만 물은 옮겨 가네
> 이제 알겠구나, 박한 풍속이 이 물과 같아
> 제멋대로 어진 이를 귀하게도 천하게도 만드는 것을
> ― 허경진, 《손암 정약전 시문집》

직장은 우리의 가치를 제대로 판단하고 인정하기에는 제멋대로 높낮이가 달라지는 바닷물과 같다. 정약전은 우리의 가치를 타자의 평가에 맡겨 두고, 그로 인해 웃고 만족하고 병들고 아파하는 것에 한탄한다. 이러한 깨달음을 준 흑산도는 그에게 한양과 비교할 수 없는 아름다운 섬이었다. 정약전은 자신이 《자산어보》를 집필하듯, 강진에서 유배 중에 《목민심서》를 집필하던 정약용에게 흑산도의 아름다움을 한껏 뽐내는 편지를 보낸다. 이에 질세라 정약용은 강진의 아름다움에는 못 당한다고 정약전에게 답장한다. 조선 후기 최고의 두 학자가 주고받은 '유배지 플렉스 배틀'은 어디에 있든 무엇을 하든 온전한 자신의 세계를 만들어 가는 것이 의미 있다고 말하는 듯하다. 다른 이들이 만들어 놓은 세계에서 그들의 기준을 충족하려 애쓰고, 그 세계가 마치 자신의 것인 양 착각하다, 결국에는 자존감마저 무너져버리는 우리에게 "당신의 세계는 안녕하십니까?"라고 묻는다.

전부라 믿었던 신념을 스스로 부정하고, 무의식적으로 외면해 오던 세상을 재발견하고, 그것을 통해 비로소 활짝 문을 여는 희망. 삶이란 결국 각자의 자산도를 찾는 여정이다.

다가오는 것들 Things to Come

- **개봉** 2016년
- **감독** 미아 한센뢰베
- **출연** 이자벨 위페르, 에디트 스콥

"나이가 많대⋯."

이 한마디가 지니는 무게를 친구도 잘 알고 있었다.

"아⋯ 역시 그렇구나⋯."

그냥 한번 써 보라는 친구의 권유로 큰 기대 없이 제출한 이력서였다. 운 좋게 면접까지 봤는데, 분위기가 긍정적이라 내심 기대를 했다. 그런데 나이 때문에 탈락했다고 하니 가슴이 쿵~ 하고 내려가는데 끝을 알 수 없었다. 친구는 결과에 대해 솔직히 말해야 할지, 듣기에 불편하지 않게 돌려서 말해야 할지, 문자를 몇 번이나 쓰다 지웠다고 고백했다. 자기가 보기엔 여러모로 내가 적임자였고, 임원들도 공감했지만, 어쩌고저쩌고⋯. 길어지는 말 속에서 동갑인 친구의 씁쓸함도 함께 전해졌다. 괜찮다고 지금 직장에 문제가 있는 것도 아닌데 뭘 그러냐며 친구를 안심시켰지만, 내 가슴은 여전히 내려가고 있었다. 쿠웅~

40대 중반을 지나다 보니 "너 늙어 봤냐? 난 젊어 봤다!"고 부리는 호기에도 한계가 있다는 걸 조금씩 깨닫는다. 딸아이가 "아빠 문자 왔어~" 하며 얼굴에 폰을 들이밀면 정신까지 하얘지는 노안이 그렇고, 자극적인 음식을 먹고 나면 한나절이 지나도록 불편한 소화 기능이 그렇고, 노트북 바탕 화면으로 설정한 배우의 필모그래피는 줄줄 외우면서도, 이름 석 자는 도무지 떠오르지 않는 기억력이 그렇다. 불쑥불쑥 찾아오는 이러한 '늙어감'의 징후들이 더 이상 젊은 척하며 살 수 없다는 걸 알려 주면 나는 움츠러든다.

하지만 정작 신체 나이가 주는 불편함은 나이가 많아 채용에서 탈락하는 경우와 비교하면 사소한 것일지도 모른다. 소싯적에 안 놀아 본 사람이 어디 있냐고 따져 묻듯이, 스스로 성취해 온 것들이 까마득한 추억처럼 나이에 묻혀 버린다. 나이가 많아 이룬 것도 많은 게 아니라 나이가 많아 이룰 것이 적다고 여긴다. "내가 떠나보낸 것도 아닌데, 내가 떠나온 것도 아닌데" 당연한 듯 내 곁에서 보이지 않는 나의 성취. 충분히 억울하지만 "역시 그렇구나….."라는 말에 멀어져가는 나의 시간을 눌러 담을 뿐이다.

영화 〈다가오는 것들〉의 주인공 나탈리는 남편과 장성한 남매를 둔 중년의 철학 선생님이다. 가방끈이 짧은 어머니의 바람대로 철학 교사가 됐지만, 철학에 관한 그녀의 마음은 진심이다. 책을 읽고 쓰고 가르치기를 한시도 게을리하지 않으며, 수년간 치열하게 책을 내고 제자를 길렀다. 하지만 그녀의 명성에도 위기가 찾아온다.

판매 부수를 우려하던 출판사가 소비자의 시선을 사로잡아야 한다며 트렌디한 개정판 디자인을 제안한다. 그러자 나탈리는 초콜릿 광고가 아니라며 눈이 타 버릴 것 같다고 일축한다. 불변의 진리를 파고드는 것이 철학이라지만, 철학 책은 한낱 상품일 뿐이고, 그래서 시대에 어울리는 옷을 입어야 한다는 걸 나탈리는 인정하지 않았다. "영원을 위해서라면 어떤 것도 비싸지 않다."는 파스칼의 말도 그녀의 쓸쓸한 퇴장을 붙잡지는 못한다. 그녀는 개정판 저자에서 탈락한다.


"밥 먹자."

여섯이나 되는 삼촌 중에 늘 문제를 일으켜 온 한 명이 전화를 걸어왔다. 처자식을 버려두고 집을 나간 지 몇 년 만이었다. 조부모님은 나의 아버지를 포함해 일곱 형제에게 많은 사랑을 베풀지 못했다. 밭을 매다 출산했다는 전설이 일상이던 시절, 그들은 제각각 알아서 성장했다. 그중 일부는 존경받는 사람이 됐고, 일부는 평범했으며, 일부는 부족했다.

전화를 걸어온 삼촌은 유난히 부족함이 많은 이였다. 조카 눈에도 뭐 하나 자랑할 게 없는 사람이었지만, 난 삼촌을 좋아했다. 내가 아주 어렸을 때부터 우리 집에 자주 찾아와 시간을 보냈고, 정글과도 같은 일곱 형제 틈에서 자랐다고는 믿기 힘들 만큼 다정한 면이 있었다. 그래서 가출을 밥 먹듯 해 왔어도 밉기보다는 안타까웠다. 가끔 다른 삼촌들이 집 나간 삼촌에 대해 육두문자를 날릴 때에도, 할머니와 엄마가 "무책임한 놈"이라고 욕을 할 때에도, 나는 마음속으로 그의 편을 들었다. 그만큼 삼촌의 따뜻하고 살가운 면을 좋아했다. 하지만 이번 가출은 달랐다. 나도 단단히 화가 났다. 가출하고 얼마 뒤, 할머니께서 2년 가까이 병원에 계시다가 돌아가셨는데, 삼촌은 병원은커녕 장례식장에도 나타나지 않았다. 그의 다정함이 나약함으로 느껴져 원망스러웠다.

"아빠가 좀 아프세요."

내 첫인사였다. 아니 인사라기보다는 책망이었다. 당신 큰형이 아픈데 알고는 있냐는 뜻이었다. 의도를 숨길 수가 없어 눈을 제대로 맞추지 못한 채 김이 모락모락 올라오는 돈가스를 잘랐다. 순간 정수리가 서늘했다. 직감적으로 돈이 떨어졌다는 걸 알 수 있었다. 급하게 아무 이야기나 꺼내 지껄였다. 그렇게라도 삼촌의 입을 틀어막아야 했다. 그러나 이내 삼촌은 할머니의 유산 이야기를 했다. 터져 나오는 배신감에 듣고 있을 수가 없었다. 자리에서 일어서며 그 얘기 하려고 몇 년 만에 조카한테 밥 먹자 한 거냐 따져 물었다. 아무 대답이 없었다.

'아… 역시 그렇구나….'

내 삶에서 삼촌 하나를 지웠다.

파도타기를 해 보았는가. 큰 파도가 밀려오면 때를 잘 맞춰 움츠렸던 몸을 물 위로 힘껏 띄운다. 그러면 집어삼킬 듯이 밀려왔던 파도는 잠시 무중력의 쾌감을 선사하고는 태연히 등 뒤로 멀어져 간다. 각자의 파도가 다를 뿐, 삶은 파도타기와 같다. 누구에게나 다가오고, 준비된 만큼 더 높게 이끌며, 정점에 달하면 유유히 사라진다. 건강도, 성취도, 사람도 그렇다. 결혼식보다 장례식에 갈 일이 많아지는 나이. 나에게 40대는 언제 지나쳐 갈지 모를 파도에 건강과 성취와 사람을 쓸려 보낼 채비의 시간과도 같았다.


나탈리의 남편은 그녀처럼 학생들을 가르친다. 학창 시절부터 함께해 온 둘은 많이 달라서 자주 티격태격하지만, 여느 부부처럼 단단한 연결 고리로 굳게 묶여 있는 듯 보인다. 나탈리에게 유일한 고민이라면 그의 엄마다. 엄마는 병들어 히스테리를 부리는데, 밤낮을 가리지 않고 나탈리에게 전화를 걸어, 죽고 싶다며 자기 집으로 와 달라고 간청한다. 나탈리는 엄마를 보러 가는 길에는 걷는 일이 없다. 엄마가 좋아하는 꽃을 한 손에 들고, 뛰고 또 뛴다. 하지만 연기인지 진심인지 숱한 자살 시도까지 동반하는 엄마를 위해 결국 나탈리가 할 수 있는 일이라고는 그녀를 고급 요양원으로 모시는 것뿐이었다. 그러한 나탈리의 삶에 윤활유는 애제자 파비앙이다. 그는 뛰어난 철학자이자 급진적인 무정부주의자이며 행동하는 지식인이다. 파비앙의 삶과 책에 대해 이야기할 때면 나탈리의 눈은 반짝거린다. 하지만 그녀를 둘러싼 이 관계의 고리들이 불현듯 끊어지고 망가지기 시작한다.

25년을 함께한 평범한 남편은 다른 여자가 생겼다며 평범한 오후에 평범한 얼굴로 이혼을 요구한다. 요양원에 모신 후부터 성가시던 연락도 뚝 끊은 채 지내던 엄마는 이제는 나탈리가 달려가도 만날 수 없는 세상으로 훌쩍 떠난다. 그리고 제자 파비앙은 나탈리의 철학적 관점과 삶이 일치하지 않는다며 싸늘한 표정으로 그녀의 넋을 찢어 놓는다. 앞에서 이야기한 총서의 개정판 저자에서 나탈리가 빠지게 되는 것도 이 무렵이다. 믿었던 것들의 '배신 퍼레이드'에 그녀의 인생이 통째로 부정당한다. 영화적 과장이 섞인 듯 보이지만, 따지고 보면 불행은 예고 없이 연이어 터지곤 한다. 파도가 주는 잠시의 쾌감은 그 높이만큼 모래 깊숙이 발목을 묻는다.

 '왜 이런 일이 벌어지지? 이제 그녀는 무슨 힘으로 버티지?'라는 생각에 나탈리가 측은해질 무렵, 영화의 제목이 〈다가오는 것들〉(원제는 '미래'를 의미하는 L'avenir다.)이라는 점에 의구심이 생긴다. 나이를 먹으면 모두에게 다가올 불행한 미래를 굳이 영화로까지 만들어 관객들에게 각인하려는 건가? 하지만 놀랍게도 이 영화는 중년의 나탈리가 인생의 정점에서 내려오는 순간을 통해 그녀로부터 '멀어지는 것들(과거)'이 아니라 '다가오는 것들(미래)'을 응시한다. 나탈리는 자신에게 들이닥친 일련의 사건들에 괴로워하지만, 동요하거나 삶을 내려놓지 않는다. 의연하고 담담하게 흘려보내기를 선택한다. 그러고는 멀어진 것들로 인해 자신에게 다가온 무한의 자유를 마주하고 음미한다. 언제가 마지막이었는지 아득하기만 한 혼자의 시간, 그녀는 지금껏 딸로서 아내로서 스승으로서 살아가야 했기에 누리지 못한 다음 파도를 기다리는 듯하다. 그 파도는 이전의 것보다 잔잔하고 소박

할지라도 온전하고 내밀하게 그녀의 것이 될 것이다.


할머니는 삼촌이 가출로 행적이 묘연할 때면 맥락 없이 삼촌 이야기를 하며 눈물을 흘리곤 하셨다. 레퍼토리는 주로 "어디서 밥은 먹고 사는 건지, 살아 있기는 한 건지…"로 시작했다. 그러다 때로는 흐느끼셨고, 때로는 역정을 내셨다. 할머니에게는 삼촌에 대한 한이 늘 느껴졌다. 그런데 이상하게도 할머니가 마지막으로 집을 떠나 병원과 요양원에 계신 2년 동안은 단 한 번도 삼촌에 대한 이야기를 꺼내지 않으셨다. 나중에는 너무 궁금해서 직접 여쭤봤다.

"할머니, 삼촌 생각은 안 나?"

"어디서… 잘… 살고 있겠지."

할머니는 조금의 흔들림도 없이 온화했고, 삼촌에 대해 더 말을 이어 가지도 않았다. 난 그때의 할머니가 아들을 잊거나 포기했다고 생각하지 않는다. 아마도 할머니는 평생의 한이 된 자식 하나를 의연하게 흘려보내고, 당신의 자아를 온전히 당신에게서 찾는 큰 걸음을 내딛었다고 믿는다. 그 후로도 할머니는 세상을 떠나는 날까지 삼촌 이야기를 꺼내지 않았고, 나도 다시 묻지 않았다.

나이가 들며 삶에서 멀어져 가는 것들을 붙잡아 둘 묘수는 없다. 하지만 덕분에 우리는 잘 보내고 잘 맞이할 준비를 할 수 있다. "원하는 것을 얻고 나면 덜 기쁜 법, 행복해지기 전까지만 행복하다."는 영화 속 나탈리의 인용문은 그래서 더 의미심장하다. 행복은 파도의 정점이 아니라 파도를 기다리는 설렘에서 오니까. 그리고 다음 파도는 이번 파도가 지나야 잘 보이니까.

내가 떠나보내지 않아도 내가 떠나오지 않아도 멀어지는 것들에 담대하기를, 그리하여 다가오는 것들을 두 팔 벌려 꼭 안아 주는 설렘으로 벅차오르기를….

Merci, Natalie!

4
등

– **개봉** 2016년
– **감독** 정지우
– **출연** 박해준, 이항나, 유재상, 최무성

이 글을 수도 없이 쓰다 고치는 이유는 경쟁이 없는 사회를 꿈꾸면서도, 경쟁에서 지기 싫은 나의 이중성 때문임을 깨달았다. 초등학교 4학년인 딸이 국·영·수 사교육 세계에 발을 들이지 않았음에 자부심을 느끼면서도, 한편에선 조금이라도 공부가 뒤쳐지면 불안감이 용솟음치는 모순. 이럴거면 남들처럼 학원을 보내서 선행 학습이라도 시키는 게 낫지 않을까 싶다가도, 열한 살 밖에 되지 않은 아이의 세상을 책상 안에 가두어선 안 된다는 신념이 간신히 불안을 눌러앉힌다. 입시 지옥의 나라에서 초4는 '벌써'가 아니라 '아직'이다. 웬만한 국·영·수 학원들은 레벨 테스트를 통해 아이의 수준이 학원에서 수용할 만한지 아닌지를 가려낸다.

"죄송하지만 일단 기초는 좀 만들고 오셔야 할 것 같아요."라는 학원의 완곡한 거부는 "학원비를 내셔도 이미 늦었으니 이런 실력으로는 가망 없어요."라는 청천벽력이 되어 부모의 귀를 때린다. 이 순간 누군가가 책망할 대상을 찾는다면 그걸로 이미 절반은 백기를 든 것일지도 모른다.

영화 〈4등〉에서 초등학생 준호는 매번 수영 대회에 나가면 4등을 한다. 수영을 좋아하고 소질도 있기에 준호 엄마는 4등이라는 성적표가 못내 아쉽다. 대부분의 스포츠가 그러하듯 잘한 사람과 못한 사람을 구분하는 기준은 딱 3등까지다. 세계 신기록을 세워도 4등은 그저 '루저(loser)'들의 1등일 뿐이고, 준호 엄마는 매번 그 루저들 중 제일 앞서 들어오는 준호가 안타깝다.

올림픽이 생기자 뉴스를 만들어 내야 하는 기자들은 금·은·동 메달을 시상하는 판을 짜 신문을 찍어 냈다. 결국 참가에 의의를 두는 올림픽 정신은 온데간데없어졌고, 우리는 그저 메달을 목에 건 자들의 땀에만 가치를 부여하게 됐다. 그리고 준호 엄마도 아들이 시상대에 올라 팔을 번쩍 들어 올리는 꿈을 매일, 아니 매 순간 꾸고 있을 것이다.

결국 그녀의 욕망은 준호를 수영 사교육의 세계로 인도한다. 엄마들 사이에서 암암리에 좋은 개인 코치로 알려진 광수를 어렵게 소개받아 스승이 되어 달라고 간청한다. 광수는 천부적인 재능으로 10대부터 국가 대표 에이스가 됐던 화려한 이력을 지녔다. 그러나 자기 관리가 엉망이었고, 태릉선수촌 입소를 코앞에 두고 밤새워 도박을 하다 지각을 한다. 이로 인해 화가 난 코치는 광수를 심하게 때리고, 광수는 격분해 코치의 폭력을 기자에게 고발한다. 이 사건으로 정식 선수도 정식 코치도 할 수 없게 된 광수는 결국 수영 사교육계에 몸담게 되었고, 엄마들의 입소문을 통해 수영 꿈나무를 육성하며 살아가게 됐다. 그러나 성인이 된 광수는 조금도 변하지 않았다. 여전히 술과 PC 게임으로 시간을 축내고 있었고, 많은 레슨비를 받아도 책임감 있게 아이를 가르치지 않았다. 그럼 어떻게 그가 우수한 성적을 내는 코치로 알려지게 된 것일까.

준호는 캄캄한 새벽마다 수영장이 아니라 PC방으로 광수를 찾아간다. 레슨에는 번번이 무관심한 광수에게 화가 난 준호는 대체 수영은 언제 가르쳐 줄 것이냐고 따져 묻는다. 다 큰 어른과 초등학생의 위태로운 다툼. 보통의 영화 플롯에 익숙한 관객이라면 이쯤에서 광수를 우수한 개인 코치로 만든 그만의 독특하고 기발한 코칭이 대체 뭘까 궁금해할지도 모른다. 그러나 이 영화는 〈말아톤〉이나 〈국가대표〉 같은 방식으로 흘러가지 않는다. 그날의 나와 딸의 구구단 게임처럼….

첫째가 초등학교에 입학했을 무렵 수학에 관심을 보였다. 수학 공부에 도움이 될 것을 찾다가 떠오른 것이 구구단이었다. 틈나는 대로 외우게 했더니 며칠이 지나 더듬더듬 구구단을 읊기 시작했다.

"우리 구구단 게임할까?"

딸은 "게임"이라는 말에 호기심 가득한 눈으로 흔쾌히 그러자 했고, 나는 들뜬 목소리로 AI 스피커를 향해 "구구단 게임!"이라고 외쳤다. 인트로 음악에 맞춰 실룩실룩 춤을 출 때만 해도, 딸도 나도 그 장난스런 제안이 어떤 재앙을 몰고 올지 몰랐다.

"7×4는?"

"…"

"7×4는?"

"…"

"야, 다시 가서 7단 외우고 와." 내가 말했다.

처음엔 웃으며 시작했던 게임이 점점 호러로 변해 가고 있었다.

"6×8은?"

"…"

"6×8은?"

"…"

분위기 파악을 전혀 못하는 멍청한 AI 스피커는 시종일관 상냥한 목소리로 구구단 퀴즈를 냈지만, 딸의 표정은 점점 슬퍼졌고 재깍재깍 대답하지 못하는 딸의 당연함에 나는 점점 무서운 표정을 짓고 있었다.

"너 진짜 이렇게 할 거야!? 6단 다시 외워 봐!"

작고 떨리는 목소리로 천천히 6단을 외우던 딸은 압박감에 결국 눈물을 흘리기 시작했고, 난 물러서기는커녕 더 악마처럼 몰아붙였다.

"너 바보야? 왜 점점 더 못해!"

딸은 공포와 수치, 서러움이 뒤범벅된 얼굴로 눈물을 펑펑 쏟으며 말없이 나를 바라봤다.

그때의 나는 초등학교 때 구구단을 외우던 악몽 같은 기억으로부터 왔다. 선생님은 아무나 일으켜 세워 구구단을 외우게 했고, 막히면 30센티미터 자로 여지없이 손바닥을 때렸다. 이렇게 머리가 나빴나 싶을 정도로 나는 다른 아이들에 비해 구구단 외우기가 느렸고, 자연히 손바닥을 맞는 날도 많았다. 수학을 싫어하게 된 첫 번째 계기였다. 그리고 어리석게도 나는 딸에게 비슷한 경험을 물려주고 있었다. 매를 들지 않았을 뿐 말과 표정은 충분히 폭력적이었고 딸은 아파했다.

수영 레슨이 진행될수록 준호의 작은 몸뚱이에는 하나둘 멍 자국이 늘어 갔다. 그리고 광수의 강압적이고 비인간적인 레슨에 준호는 점점 말이 없어졌다. 엄마가 얼마나 3등 안에 들기를 원하는지 잘 아는 준호는 광수의 체벌에 침묵하며 이 괴물 같은 교육에 협조한다.

그리고 맞이한 첫 대회. 준호는 난생 처음으로 2등을 했다. 준호의 엄마는 줄곧 1등으로 앞서가다 막판에 역전을 당한 것이 아쉬웠지만 수영장을 찢을 듯한 목소리로 "거의 1등, 거의 1등!"이라며 아들을 향해 환호했다. 하지만 물에서 2등이라고는 해 본 적 없던 광수는 탈의실로 들이닥쳐 기뻐하는 준호에게 가차 없이 폭언을 쏟아 낸다. 아들의 첫 번째 '탈4등'을 축하하는 가족 파티에서 준호 엄마는 준호의 몸에 든 멍을 발견한다. 하지만 이를 애써 외면하려 함으로써 마침내 보호자와 교육자와 피교육자의 삼위일체가 완성된다. 아이의 상품 가치를 높이려는 보호자와 폭력을 대물림한 교육자와 폭력에 순응하는 피교육자의 완벽한 하모니.

우리 사회의 교육을 압축하고 있는 이 영화는 '4등'이라는 제목에서 드러나듯 교육에서 서열화가 지니고 있는 한계와 문제를 지적한다. 이 서열이란 얼마짜리 학생인가를 가르는 척도가 되고, 자녀의 상품 가치를 높이려는 부모들은 교육의 본질을 망각한 채 가용한 모든 수단과 방법을 동원한다. 준호 엄마가 처음부터 체벌을 통해서라도 준호가 더 높은 서열의 선수가 되는 것에 동의한 것은 아니었을 것이다. 하지만 4등에서 2등으로의 상품 가치 상승은 약간의 체벌이 허용될 만큼 달콤한 것이었다. 남편의 설득이 아니었다면 그녀는 앞으로도 마지못해 준호의 행복을 더 좋은 성적과 교환했을 것이다. 그리고 이를 통해 우수한 성적을 내는 수영 선수가 된 준호는 그 대가로 협소한 삶과 영적 빈곤함을 감수해야 할 것이다.

대회에서 늘 우승을 하는 형이 "1등 하면 뭐가 좋아요?"라는 준호의 질문에 자신의 귀를 덮고 있는 화려한 헤드폰을 가리키는 장면은 의미심장하다. 잘 팔리는 상품을 만들어 내는 교육은 대개 물질적인 보상을 수반하며 병을 더 깊게 만든다. 몸과 마음이 멍든 채 마치 고급 헤드폰을 쓴 좀비처럼 터벅터벅 수영장으로 들어서는 준호의 모습을 상상하는 것은 어렵지 않다.

결국 수영을 그만두게 된 준호는 어느 밤 아무도 없는 캄캄한 수영장에 숨어 들어간다. 무엇에 홀린 듯 칠흑 같은 물속을 잠영하던 준호에게 그동안 잊고 살던 물의 감촉이 살아난다. 수면 위로부터 드리우는 한줄기 빛. 그건 (수영장 관리인의 플래시에서 나온 것이었지만) 준호에게는 더할 나위 없이 신비로운 자신과의 교감이자, 잘못된 교육으로 인한 상처의 영적 치유가 된다. 세상에 누구도 준호가 물을 사랑하는 정도를 숫자로 표현할 수는 없다.[*]

　"아빠, 나 오늘 방과 후 영어 테스트 봤는데, 레벨2 나왔어."
　"좋은 거야?"
　"레벨1은 알파벳도 못 읽는 애들, 나는 레벨2!"
　"4학년이 알파벳만 간신히 아는 게 자랑이냐?"
　"레벨3이 영어는 나보다 잘할지 모르지만, 내가 행복하면 되는 거 아냐?"
　딸의 당돌한 대답에 할 말을 잃었다. 모든 것을 수치화해

---

[*]　엔딩이 아쉬운 명작들이 종종 있는데 〈4등〉이 그렇다. 이 영화는 반드시 마지막 대회 시퀀스에서 물속에 드리운 빛을 발견하고 그 빛을 따라 자유롭게 잠영하는 준호의 모습으로 끝이 났어야 한다. 준호가 몇 등을 하였는가를 보여 주는 순간 영화는 스스로의 가치를 훼손해 버렸다. 상업 영화 문법을 걷어 내지 못하고 90분 간 켜켜이 쌓아 올린 메시지를 공허하게 만든 엔딩이 아쉽다.

버린 학교라는 사회에서 레벨3과 대등하게 관계할 수 있는 딸의 모습에 오히려 내가 부끄러워졌다. 그래, 레벨2면 어떻고 4등이면 어떻겠니. 네가 누구인지, 네가 뭘하고 싶은지 제대로 알고 살면 된다. 다만 이러한 아빠의 신념이 오래오래 흔들리지 않았으면 좋겠구나. 언제라도 "괜찮아."라고 말해 줄 수 있는 너의 동무가 되었으면 좋겠구나.

- **개봉** 2022년
- **감독** 토마스 빈터베르
- **출연** 마스 미켈센,
  토마스 보 라르센, 라르스 란테

- **개봉** 1995년
- **감독** 왕가위
- **출연** 장학우, 장국영,
  장만옥, 유가령

그러니 그만,
느긋하게 잔을 돌리자

어렸을 때 그림 잘 그리는 사람을 보면 그렇게 신기할 수가 없었다. 연필 한 자루로 쓱쓱 무얼 그리는 건가 싶은데 이내 형상이 드러나고 실재보다 더 실재 같은 그림이 완성되면 "그거 나 주면 안 돼?"라는 말이 절로 나왔다. 그 재주가 부러워 따라 그려 보기도 했지만, 닿을 수 없는 영역이었다.

성인이 되고 나서 술은 나에게 어릴 적 그림과 같았다. 소주 두 잔이면 이마부터 등짝까지 벌겋게 달아오르는데, 이건 어찌할 도리가 없었다. 그래도 술자리를 마다하지 않는 편이라 술 잘하는 사람들 마시는 거 따라가다 이른바 '꽐라'가 돼서 종종 친구들 등에 업혀 집에 오기도 했고, 아침에도 지난밤 술이 깨지 않아 취한 정신으로 출근하는 경우도 있었다. 아내에게 "다음 글은 술에 대한 거야."라고 말하니 "풋" 하고 비웃음이 터져 나오는 것도 당연하다. 그럼에도 나는 결심을 굽히지 않고 글을 써내려간다. 그림 실력이 반드시 그림에 대한 조예로 이어지는 것은 아니듯이 술에 대한 조예가 주량으로 결정되는 것은 아니다.

술에 대한 일반적인 기대를 전혀 다른 방식으로 풀어낸 영화 두 편이 있다. 한 작품은 술이 가진 '흥'을 다루고, 한 작품은 술이 가진 '망각'을 다룬다. 술을 마시는 상황은 제각각이지만 술은 대개 이 두 가지의 목적을 벗어나지 않는다.

〈어나더 라운드〉는 술의 '흥'에 대한 영화다. "한 잔 더 돌려~!" 정도로 풀이되는 제목처럼 이 영화는 중년의 무기력함을 술로 떨쳐 내는 네 남자의 이야기다. 고등학교 선생인 네 남자는 저마다의 이유로 따분하고 의미 없는 하루하루를 보낸다. 그러던 어느 날 '인간에게 부족한 0.05퍼센트의 혈중 알코올 농도를 유지하면 창의적이고 활발해진다'라는 가설에 꽂혀, 스스로 이 가설의 검증 대상이 되기로 한다.

출근해서 학생들과 만나기 전 소주 반병 정도에 해당되는 0.05퍼센트의 부족한 혈중 알코올을 충전한 네 사람은 소위 '술발'을 받기 시작한다. 수업 시간이면 표정 없이 느릿느릿 입만 벙긋하던 이들의 눈에서 광채가 나기 시작하자 학생들의 호응도 좋아진다. 그럴수록 강의는 점점 더 뜨거워졌고 아이들의 집중력은 몰라보게 달라졌다. 네 남자는 20대로 돌아간 듯 삶의 활력을 되찾는다.

하루 소주 반병으로 일상의 무료함을 날리고 영원히 돌아오지 않을 것 같던 삶의 열정을 찾을 수 있다면 이 거래를 마다할 사람이 있겠는가. 제약 회사들은 딸기 향 알코올 농축액을 개발해 팔아 댈 것이고 우리는 홍삼 스틱을 밀어 짜듯 여기저기서 쭈욱쭈욱 부족한 혈중 알코올을 채워 넣을 것이다. 제자들은 알딸딸한 선생과 책상 위에 올라가 하이 파이브를 하고, '알바'들은 볼 발간 가게 사장과 셔터를 내린 채 한바탕 막춤 잔치를 벌이고, 남편들은 예뻐 '보이는' 아내와 20년 만에 잊지 못할 길거리 키스도 나눌 것이다. 온 세상이, 시시각각이 축제다.

2022년 27회를 맞이한 부산국제영화제를 절반 넘게 다녀왔고, 그때마다 최소 2박씩은 머물렀다. 과연 무엇이 나를 거의 매년 부산국제영화제로 이끌었을까. 돌이켜보면 그건 영화라기보다는 술이었다. 낮부터 편의점에 들러 가성비 좋은 '옐로우 테일' 와인 한 병을 사들고, 지인들과 홀짝홀짝 병나발을 불며 걷던 해운대 백사장. 지나는 낯선 이들과 눈이 맞으면 나도 모르게 눈인사를 보내고 수학여행 온 고등학생처럼 펄쩍펄쩍 뛰어다녔다. 슬픈 영화는 더 슬퍼지고,

웃긴 영화는 더 웃겨지는 영화제의 마법을 경험한 뒤에는 밤새 영화를 안주 삼아 늦은 밤까지 또 부족해진 혈중 알코올을 넘치게 채웠다. 그렇게 완성되는 영화제의 하루는 조금 과장해서 사람이 사는 이유, 내가 살아 있는 이유를 말해 주었다. 매일 매일이 이럴 수만 있다면….

영화 〈동사서독〉은 술의 목적에서 '망각'에 주목한다. 구양봉은 최고의 검객이 되기 위해 사랑하는 여인 자애인을 고향에 두고 외지를 떠돈다. 하지만 그가 고향으로 돌아왔을 때는 이미 그녀가 자신의 형과 결혼하기로 한 후였다. 자애인에게 도망치자며 애원하지만 매몰차게 거부당하고, 크게 상심한 구양봉은 고향을 떠나 황량한 사막에서 허름한 객잔을 차리고 살인 청부 브로커로 살아가게 된다.

해마다 경칩이 되면 그를 찾아오는 황약사라는 친구가 있는데 하루는 과거를 모두 잊게 해 준다는 '취생몽사'라는 술을 가져온다. 구양봉은 믿지 않지만 황약사는 그 술을 마신 뒤 과거를 잊고는 그 길로 떠나 돌아오지 않았다. 나중에 구양봉은 매년 찾아오던 황약사가 자신의 연인이자 형수이기도 했던 자애인을 짝사랑했음을 깨닫는다. 하지만 그녀는 구양봉과 헤어진 뒤 그를 잊지 못한 채 한스러운 날들을 보내

당신의 세계는 안녕한가요

고 있었다. 황약사는 자애인의 지독한 사랑을 받는 구양봉을 질투했지만, 그녀를 계속 보기 위해서 매년 구양봉을 찾아와 안부를 확인해 자애인에게 전하고 있던 것이다. 그리고 자애인은 병들어 죽기 전 황약사에게 '취생몽사'라는 술을 구양봉에게 전해달라고 했다. 구양봉이 과거에 붙잡혀 자신처럼 아파하다 병들어 죽지 않기를 바라는 마음이었을까.

군이 평생 잊지 못하는 연인 때문이 아니라도 우린 기억을 지우고 싶을 때 술잔을 기울인다. 사람의 마음에는 저마다의 용량이 있는데, 이 용량은 약간의 자극에도 쉬이 넘치고, 이것이 반복되면 일상을 유지하기 어려워진다. 오늘 나를 돌아버리게 만든 부장을 내일도 봐야 하고, 조금 전 나를 환장하게 만든 아내는 방문을 열면 또 봐야 한다. 온갖 나쁜 생각으로 가득찬 마음을 그렇게 짧은 시간 동안 비워낼 수 있는 마법은 술뿐이다. "인간의 가장 큰 번뇌는 기억력 때문이다."라는 〈동사서독〉의 대사는 기억을 지워야 삶을 유지할 수 있는 인간의 필연성을 잘 설명해 준다.

하지만 부족한 혈중 알코올 농도를 반병의 소주로 채우고 그럼에도 기억력으로 인해 생겨나는 끊임없는 번뇌를 '취생몽사'로 덜어, 즉 술의 흥과 술의 망각에 기댄 삶은 과연 완벽할까.

술로 젊은 시절의 열정을 되찾은 〈어나더 라운드〉의 네 사람 중 주인공 니콜라이는 유난히 필이 충만하던 어느 날 아침, 0.05퍼센트가 아닌 소주 한 병이 넘는 0.12퍼센트를 마시고 수업에 들어간다. 니콜라이는 어느 때보다 생기 넘치는 수업을 하게 되고, 이를 창밖에서 지켜본 친구는 넋을 잃고 "환상적이었어."라는 말을 남긴다. 이를 계기로 저마다 부족한 혈중 알코올 농도가 다르다는 새로운 가설을 세우게 되면서, 결국 네 사람은 각자의 부족분을 찾기 위해 술의 양의 늘려 간다. 그리고 이들은 선을 넘어 직립 보행이 어려운 수준까지 치닫고 알코올 중독 상태에 이른다. 실험을 시작하기 전보다 더 위태로워진 일상. 사람이 술을 먹는 게 아니라 술이 사람을 먹는 지경에 이른 이들은 결국 매우 슬픈 사건을 겪으며 실험을 중단하기로 한다. 과연 부족한 0.05퍼센트가 술이었을까.

〈동사서독〉의 구양봉은 자신을 떠나보냈지만 결국 자신을 잊지 못하고 외로워하다 세상을 떠난 자애인의 이야기를 듣고 황약사와 마찬가지로 결국 '취생몽사'를 마신다. 매순간 그를 괴롭혀 온 자애인에 대한 그리움이 모두 잊히길 기대하며. 하지만 '취생몽사'는 아무 기억도 지워 주지 못했다. 그녀의 모든 것이 또렷이 남겨진 채 구양봉은 객잔에 불을 지르고 사막을 떠나 고향으로 돌아간다. 술이 지닌 망각의 힘은 강력하지만 일시적이라 영원히 잊으려면 술의 이름처럼 마시고 또 마셔 영원히 흐리멍덩하게 살아가는 것뿐이다. 어쩌면 자애인은 구양봉에게 영원히 자신을 잊지 말라고 말하고 싶었는지도 모른다. 술은 달고 쓰다.

권태를 달래 주고 세상을 축제로 만들어 주는 술을, 기억이 만들어 낸 번뇌를 잊고 새 아침을 만들어 주는 술을 멀리할 만큼의 용기가 우리에겐 없다. 애초부터 불완전하고 통제할 수 없는 인생이기에 우리는 술기운을 빌려 잠시라도 완전하고 통제 가능한 인생을 갈망한다. 그것이 환상일지라도.

실험을 중단하고 이전보다 더한 우울감에 휩싸인 〈어나더 라운드〉의 니콜라이는 제자들의 시끌벅적한 졸업 퍼레이드에 동행한다. 그러고는 다시는 찾지 않을 것 같던 술 한 병을 받아 부족한 알코올을 채운다. 무언가에 홀린 듯 졸업생들 무리에서 춤사위를 펼치는 니콜라이. 거대한 새가 되어 허공을 가로지르는 날갯짓에 그는 현재를 만끽하며 뜨겁게 달아오르던 과거의 자신과 마주한다. 부웅~! 바다를 향해 날아오르는 그의 영혼이 잠시나마 찬란하게 빛나고 스크린에서는 위스키 향이 번져 온다.

　해마다 자신을 찾아오던 황약사는 돌아오지 않고, 자애인의 기억은 '취생몽사'로도 여전히 떠나지 않은 채 〈동사서독〉의 경칩은 한 바퀴를 돌아 태연히 다시 사막에 찾아온다. 제 아무리 위대한 사랑도, 제 아무리 위대한 죽음도, 때가 되면 잎을 떨구고, 때가 되면 새 잎이 돋아나는 자연 앞에서는 그저 인간사의 사소한 몸부림일 뿐이다. 기억하든 그렇지 않든 시간은 흐르고 또 돌아온다.

　자라투스트라(Zarathustra)처럼 "이 끔찍한 생이여, 다시!" 라고 외쳐도 소용없다. 우리가 할 수 있는 최선은 부족한 술 대신 열정을 삼키고 번뇌의 기억을 가슴 한구석에 내려두는 것이다. 마지막에 니콜라이를 날아오르게 한 것은 술이 아니라 이별한 아내의 문자 한 통이었고, 구양봉이 자애인을 잊지 못한 채 간 곳은 더 깊은 사막이 아니라 그녀와의 기억이 가득한 고향이었다. 만약 니콜라이가 떠나간 아내에게 영원히 버림받는 것이 두려워 여전히 술로 흥을 구하고, 구애할 용기를 내지 않았다면 어땠을까. 만약 구양봉이 '취생몽사'로도 떨쳐 내지 못한 자애인을 가슴에 묻은 채 고향으로 돌아가 다시 최고의 검객이 되려는 용기를 내지 않았다면 어땠을까.

    흥도 망각도 술이 아니라 나로부터 온다. 그러니 그만, 느긋하게 잔을 돌리자.

나
이
트
크
롤
러  Nightcrawler

– **개봉** 2015년
– **감독** 댄 길로이
– **출연** 제이크 질렌할, 빌 팩스턴, 르네 루소

"선배, 선배! 좀 전에 C 배우 결혼식 포토 기사 출고된 거 봤어요?"

"아직 못 봤는데… 왜? 오타 있어?"

"아니… 선배 기사가 포털 메인에 떴어요. 근데…"

"근데 뭐? 뭔데 그래?… 아 씨발! 부장 이 개새끼!"

2000년대 인터넷 사용이 일상화되면서 사람들이 지면 신문보다 인터넷 매체를 통해 뉴스를 더 많이 접하게 됐다. 신생 인터넷 매체들이 우후죽순 생겨났고, 취재 현장은 그야말로 전쟁터가 됐다. 느지막이 입사한 나의 첫 직장은 그러한 전쟁터의 1세대 주자였고, 영상기획팀이라는 이름과는 무관하게 나는 기획보다는 현장 취재, 그것도 가장 치열한 연예 스포츠 뉴스의 한복판에 내던져졌다.

"부장!"

"어, 류 기자. 자네 포토 기사 메인 걸린 거 봤나? 그거 내가 '야마(뉴스의 헤드라인)' 고쳐서 걸린 거야. 클릭수가 200만이야 200만! 앞으로는 그런 콘셉트로 가자고. 그래야 사람들이 보지. 평범하면 클릭 안 해!"

"그래도 '키스는 빡세게'는 좀… 이건 표준어도 아니지 않습니까?"

"아니 젊은 사람이 왜 그래?! 인터넷은 가볍게 트렌드에 맞춰 가는 거야. 재밌잖아~"

"그 사진 한 장을 로맨틱하게 만들어 보겠다고 수십 명의 경쟁사 기자들이랑 어깨싸움을 해 가면서 이리 갔다 저리 갔다, 사다리에 올라갔다 내려왔다, 조리개를 열었다 닫았다, 플래시를 껐다 켰다… 제가 몇 초 사이에 얼마나 생난리를 쳤는지 아세요?! 근데 그런 삼류 야마를 부장 독단으로 떡하니 박아 버리면 어떡합니까!? 그리고 C 배우는 뭐가 됩니까? 인생에서 제일 소중한 순간이잖아요! 저런 식으로 독자들한테 비춰지면 제 입장은 또 뭐가 되고요!? 댓글 반응을 좀 보시고, 제 바이라인(기사 마지막에 삽입되는 기자 이름)을 당장 빼 주세요!"라고 말하고 싶었지만, 난 2년 차 풋내기였고, 그는 20년 차 부장이었다.

그 무렵 연예인들의 자살이 폭발적으로 늘어난 것도 따지고 보면 인터넷 매체의 역할이 컸다. 이미 스타의 자리에 오른 사람도, 스타가 되기를 갈망하는 사람도 부장의 말마따나 '트렌드에 맞춘' 가십성 기사의 재료로 팔려 나갔고, 익명 댓글은 대중들의 공용 화장실이 됐다. 뉴스의 생산자와 등장인물, 뉴스 소비자 모두가 인터넷 미디어라는 거대한 흐름 앞에서 서툴기 짝이 없었다. 취재 윤리는 클릭 수에 묻혀 배부른 소리가 됐고, 스타들은 희생양이 됐으며, 대중은 열심히 기름을 부었다.

그리고 나는, 자살로 생을 마감한 방송인 남편 소식에 혼절한 아내의 모습을 담겠다고 병원 복도에 쭈그리고 앉았다가 베드에 실려 지나가는 그녀의 창백한 얼굴에 플래시를 펑펑 터뜨렸다. 또 동료 연예인의 죽음에 빈소를 찾아 넋을 잃고 울고 있는 스타 가수를 향해 "여기 좀 봐 주세요~"라고 외치는 고인 모독 현장에 있었다. 그럴 때마다 말할 수 없는 자괴감이 몰려왔고, 그런 자각과 감정은 서버가 다운될 정도의 기사 클릭 수에 한 걸음 물러나기를 반복했다. 그러면서 나의 카메라는 조금씩 조금씩 더 잔인해졌다.

영화 〈나이트크롤러〉의 주인공 루이스 블룸은 돈이 될 만한 철조망이나 구리선 따위를 훔쳐 생계를 유지하는 LA 뒷골목의 무직자이자 구직자다. 한밤중에 우연히 마주친 끔찍한 사고 현장을 캠코더로 찍고 그 영상을 방송사에 판매하며 살아가는 '나이트크롤러'를 보고, 루이스는 이 일이 자신에게 매우 잘 어울린다는 걸 직감한다.

곧장 그는 절도를 통해 번 돈으로 캠코더와 무선 감청기를 마련하고, 뉴스가 될 만한 것들을 찾아 하이에나처럼 무작정 밤거리를 누빈다. 동물적 감각으로 먹잇감을 발견하면 뛰어난 상황 판단과 언변을 활용해 캠코더로 사건 현장을 여과 없이 담아 LA 지역 방송사에 판매한다. 체온이 느껴지지 않는 서늘한 루이스의 사건 영상은 정제되지 않은 날것 그대로였지만, 시청률에 눈 먼 방송사 국장이 그의 잠재력을 발견한다. 피로 물든 사고 피해자들의 모습을 담은 아침 뉴스는 이례적으로 높은 시청률을 기록하고, 루이스는 순식간에 LA 지역 방송사에 매우 중요한 뉴스 영상 제공자가 된다.

하지만 많은 경험과 앞선 시스템으로 루이스를 위협하는 나이트크롤러들이 있었고 덕분에 루이스가 놓치는 사건 사고들이 발생했다. 그는 경쟁에서 밀려나지 않기 위해 더 독해져야 했다. 불과 얼마 전까지 만해도 동네 좀도둑에 불과하던 루이스는 미디어 재벌이라도 되는 양 허세를 부리며 자신의 수족이 되어 줄 직원을 채용하고, 현장에서는 더 나은 미장센을 위해 길에 쓰러져 생사가 확인되지 않은 피해자를 아무 죄의식 없이 이리저리 옮겨 촬영한다. 그리고 갱단이 벌인 참혹한 살인 사건 현장에 경찰보다 빨리 도착해 용의자를 목격하게 되는데, 특종의 냄새가 나자 마침내 루이스는 살인부터 도주, 총격전, 검거에 이르는 한 편의 액션 리얼리티 필름을 기획하고 연출하는 지경에 이른다.

10년 전쯤 종로에서 한 사진작가의 사진전을 보러 갔었다. 새를 테마로 한 사진들이 있었는데 '새의 선물'이라는 제목에 걸맞게 하나같이 눈이 맑아지는 작품들이었다. 딱새, 오목눈이, 꾀꼬리, 노랑할미새 등 쉽게 볼 수 없는 새들이 나뭇가지에 줄지어 앉은 여러 마리의 새끼들에게 먹이를 주는 순간을 기가 막히게 포착했다. 사진전은 입소문을 타면서 알려지기 시작했다.

그런데 조류 전문가의 반응이 의외였다. "야생 새들은 둥지를 보이지 않는 곳에 숨겨 두는데 저렇게 잘 보이는 곳에 둥지를 지을 리가 없다."라거나, "사진 속 새끼들은 아직 둥지 밖으로 나올 만큼 크지 않아서 인위적으로 둥지에서 새끼들을 꺼내어 촬영한 것 같다."거나, 심지어 "나뭇가지에 다닥다닥 줄지어 앉은 어린 새끼 모습은 처음 보는데, 가지에 발을 묶었거나 무언가로 붙였을 것이다."라는 내용이었다. 생명의 소중함을 일깨워 주려 했다는 사진전의 취지와는 정반대로 생태계를 파괴하며 촬영된 현장이었다.

"예술로 봐 달라."는 사진작가의 해명이 더 큰 배신감을 안겨 주었다. 물론 사진작가가 사실만을 전달할 의무는 없다. 하지만 그가 손에 든 것은 카메라였을까, 총이었을까? 그도 루이스 블룸과 별반 다를 것이 없다. 만약 〈나이트크롤러〉의 루이스 블룸이 프리랜서 언론인의 역할을 하는 나이트크롤러가 아니고, 스티브 잡스와 같은 IT업계, 또는 제프 베이조스와 같은 유통업계에 빠져들어 오직 성공만을 보고 달려갔다면 어땠을까. 아마도 이 영화는 저널리스트의 얼굴을 한 범죄자가 사회를 좀 먹는 이야기가 아니라 천재적 사업가의 고군분투 성공기가 됐을지도 모른다. 바로 이 점이 뉴스 미디어가 지닌 공익적 가치와 파급력을 설명해 준다.

언론사를 떠나고 지난 15년 간 미디어 전반에 걸쳐 적지 않은 변화가 생겼다. 유튜브나 팟캐스트로 대변되는 새로운 플랫폼들이 기존 미디어의 힘을 나눠 가졌고, 각종 인터넷 커뮤니티들이 뉴스 댓글 창을 대신하게 되었다. 흥미로운 점은 연예 및 스포츠 뉴스에서나 보이던 자극적인 기사 제목 뽑기가 정치·경제·사회·문화에 걸쳐 전방위로 확대됐고

한걸음 더 나아가 사실을 왜곡하는 뉴스들까지 무서운 속도로 양산되고 있다는 점이다.

초기에 대중들은 이러한 뉴스를 믿는 사람들과 그렇지 않은 사람들로 나뉘었지만, 점차 유사한 가치관의 사람들끼리만 똘똘 뭉쳐 인터넷상에서 뉴스를 공유하고, 의견을 개진하며, 동조했다. 결국 도저히 같은 시대, 같은 현실 사회를 살아가고 있다고 믿기 힘들 만큼 여론은 극단적이고 배타적인 두 입장으로 양분됐다. 그리고 이들은 각자의 울타리 안에서 자신들이 매우 성숙한 시민 의식과 비판적 사고를 가졌다고 자부하며 스스로의 신념을 더욱 공고히 하게 됐다.

자연히 언론을 감시하는 시민들의 주체성은 루이스가 혀를 찰 만큼이나 상실됐다. 우리가 뉴스를 소비하는 양상이 과연 HOT, 젝스키스 팬들의 대립이나 뉴진스, 아이브 팬들의 대립과 얼마나 다른 것일까.

루이스가 자신의 영상을 구매하는 방송사의 뉴스 스튜디오를 방문했을 때 아나운서 뒤에 보이는 LA의 야경이 실제가 아니고 거대한 사진임을 깨닫고는 "TV로 보면 정말 진짜 같아요."라고 말하는 장면은 의미심장하다. 대중이 매체를 통해 뉴스를 접할 때 수용자로서의 수동적 태도를 꼬집는 이 대사는 한편으로는 미디어가 어떠해야 하는가를 말해 준다. 루이스는 진짜처럼 보이는 LA 야경 사진처럼, 진짜를 닮은 가짜 뉴스를 찍어 내고 있었다.

그리고 자신의 생각을 인터넷을 통해 불특정 다수에게 어떠한 불편함도 없이 공개할 수 있는 현재 대한민국에서 우리 모두는 나이트크롤러의 수용자이면서, 동시에 잠재적인 나이트크롤러가 됐다. 내가 보고, 만드는 뉴스는 진짜인가, 아니면 진짜를 닮은 가짜인가.

# PART II.

## 로사의 세계

툴리

Tully

- **개봉** 2018년
- **감독** 제이슨 라이트먼
- **출연** 매켄지 데이비스, 샬리즈 세런

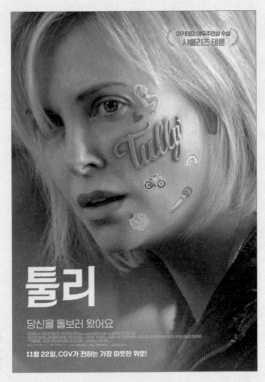

# '애데렐라'의 삶일지라도
# 괜찮아

이런! 까맣게 잊고 있었다. 마를로가 아이를 출산하고 난 뒤 병원 침대에서 일어나 걸어 나가는 뒷모습을 보자마자, 두 번의 출산을 해낸 그때의 내가 불현듯 생생해졌다. 맞다, 그랬다. 풀어헤쳐진 임부용 병원복, 출산 후 오로(惡露)때문에 성인용 기저귀를 입은 모습. 회음부의 통증이 채 가시지 않아 다리를 엉거주춤하며 뒤뚱뒤뚱 걷던 출산 후의 그 시간들이 너무도 생생히 떠오르고 말았다. 출산과 동시에 가동되는 모유 공장이 한 번씩 고장이라도 나면 땡땡 불어난 가슴에 냉장고에서 꺼낸 차디찬 양배추를 붙이게 되리라곤 상상조차 해 본 적이 없다. 임신 기간 동안 온전히 아이에게 영양분을 집중하느라 모공들이 단단히 붙잡고 있던 머리카락이 우수수 빠져 성긴 잔디밭을 이룬 헤어 라인도, 바람 빠진 풍선마냥 쪼그라든 뱃살을 그 누구에게도 들키고 싶지 않은 것도.

첫째 아이 때는 예상치 못한 경험들로 당황했다면, 둘째 아이 때는 알고 있지만 익숙해지지 않아 당황스러웠다. 출산 경험이 세 번째였던 마를로도 화장실에서 고통스러운 시간을 보내며 속절없이 이성을 잃는 걸 보니 세 번째라고 더 쉬워지는 것도 아닌가 보다.

한 생명체를 품고 낳았다는 위대함에 취할 겨를도 없이 나는 아이의 생체 시계대로 움직였고, 손바닥 뒤집듯 순식간에 달라진 인생에 적응할 틈도 없었다. 첫아이 때는 회사 분위기상 출산 후 3개월 만에 출근을 했다. 12월에 아이를 낳고 3월에 출근을 했는데, 난방도 되지 않는 차디찬 여자 휴게실에서 휴대용 유축기를 들고 틈틈이 모유를 짜야 했다.

영화에서 마를로가 툴리와 함께 잠시 육아에서 해방되었던 밤, 술집 화장실에서 불어난 가슴을 부여잡고 괴로워하던 마를로처럼 장소불문 눈치 없이 채워지는 모유를 비워내야 했다. 마를로의 곁을 지키던 툴리가 화장실을 노크하던 누군가에게 외친 한마디, "지금 기적을 행하는 중이라고요!"라는 말은 메아리가 되어 그 시절 회사 휴게실에 있던 나까지 구원해 주는 것 같았다. 나보다 1년 앞서 아이를 낳은 회사 동기는 여자 휴게실조차 없어서 의자도 없는 청소

아주머니의 휴게실에서 '기적을 행했는데', 그때에 비하면 나는 굉장한 호강을 누렸던 거다.

스물여섯 꽃다운 나이에 입사해 창창하고 예쁘던 우리가 30대가 되어 어쩌다 이런 "기적"을 맞이했을까?

> "20대는 꿈만 같아요.
> 그러다 새벽 쓰레기차처럼 30대가 다가오죠.
> 그 앙증맞은 작은 엉덩이와 발이 임신할 때마다
> 반사이즈씩 커지고 이 자유로운 영혼도 매력이 사라지죠.
> 외모도 추해져요. 겪어 보면 알아요."
>
> _영화 〈툴리〉 중

마를로는 스물여섯 툴리에게 미리 경고(?)한다. 육아와 맞바꾼 나의 젊음을 말이다. (스포일러이지만) 사실 영화 속 툴리는 실재하는 인물이 아니라 마를로 상상 속 젊은 시절의 자아다. 애가 셋인 엄마의 육아 현실에 갇혀서 이번 생은 비극이라고 여길 때쯤, 야간 보모의 모습으로 그녀 앞에 구세주처럼 나타난 툴리. 젊고 예쁜 데다 육아 스킬마저 대단한 그녀의 모습은 20대의 마를로가 막연히 꿈꿨던 엄마의 모습이었는지도 모른다. 그런 건 어림도 없으니 꿈도 꾸지 말라는 듯이 '현실 엄마' 마를로는 내 몸에 걸치는 옷을 골라 입을 에너지조차 남아 있지 않은 엄마라는 걸 고백한다.

새벽에 일어나도 아침 시간은 늘 부족하고, 등교와 출근이라는 전쟁 같은 하루가 시작된다. 오후에는 아이들 학원 시간에 맞춰 지하철을 놓칠세라 부랴부랴 퇴근한다. 신데렐라 뺨치는 '애데렐라'의 삶이다. 그러고는 마법이 풀린 신데렐라처럼 후줄근한 옷차림으로 저녁을 먹이고 씻기고 숙제를 챙기는 매일 같은 엄마의 일상만 있을 뿐, 마를로가 말한 좋은 엄마(반 행사에 참여하고 캐릭터 컵케이크는 못 구워 줄 망정)가 되기란 나 역시 글렀다.

"실패한 삶이라고 생각하겠지만 오히려 꿈을 이루신 거예요.
단조로움은 가족에게 선물 같은 거예요.
매일 일어나서 가족에게 같은 일을 해 주는 것,
삶도 결혼도 집도 심심하지만 그게 멋진 것.
별 탈 없이 성장해서 아이들을 안정적으로 잘 키우는 일,
그게 대단한 거예요."

_영화 〈툴리〉 중


종종 아이들 사진으로 가득 찬 핸드폰 속 사진첩을 들여

당신의 세계는 안녕한가요

다본다. 하루가 다르게 커 간 아이들 사진 속에 간간이 등장하는 그때의 나를 마주한다. 오늘보다 젊었던 날들의 아쉬움보다는 언제 아이들이 이만큼 컸을까를 생각한다. 전쟁 같은 하루의 끝에 나의 양팔 사이로 두 아이가 한 명씩 들어와 소소한 이야기를 나누며 잠들었던 밤. 젊음의 밤과 맞바꾼 이 밤이 차곡차곡 쌓여 나의 아이들을 자라나게 했다. 툴리가 해 준 말처럼 육아와 맞바꾼 시간들이 내가 버려지거나 실패한 시간이 아니라는 것을. 마를로도 그랬을 거다. 셋째만큼 작디작은 신생아였던 아이가 어느덧 엄마의 머리를 고사리 같은 손으로 감겨 주며 소소한 이야기를 나눌 만큼 커 버린 첫째 딸의 모습을 보면서.

흔히들 육아를 터널과 비교한다. 생명체를 인격체로 만들어야 한다는 책임감과 의무감에 언제 어떻게 끝날지 모르는 길을 가는 기분이기도 하다. 우리나라에서 가장 길다는 인제-양양 터널을 달리다 보면 '백두대간 통과 중'이라는 전광판이 보인다. 도대체 언제 끝나나 싶은 그저 그런 터널이지 싶다가도 그걸 보는 순간 정말 길 만하다 싶다.

"나 잘하고 있지 않았어?" 마를로가 남편에게 확인을 받고 싶었던 그 말을 내 인생의 전광판으로 삼으려 한다. 육아의 터널을 지나는 나에게 내 젊음의 시간으로 키워 내는 아이들과 나는 인생의 아주 중요한 지점을 대단히 잘 지나고 있는 거라고, 그렇게 가다 보면 어느새 어렴풋이 볕이 들고, 그러다 보면 출구가 나오는 것처럼.

이 기나긴 육아의 터널을 나는 제법 단조롭게 지나고 있다. 그래서인지 영화 시작에 마주했던 출산의 고통은 내가 살면서 잊은 것처럼 또다시 옅어졌다. (그래서 마를로도 셋째를…?)

별 탈 없이 3,000여 밤 사이에 자라난 나의 두 아이가 옆에서 잠을 자고 있다. 나는 어제처럼 오늘도 해야 할 일을 했고 내일도 그럴 것이다. 이 단조로운 일상이 20대의 내가 막연하게 그렸던 삶의 일부일 테니. 지난 나의 젊음을 쿨하게 보내 주기로 했다. 마를로와 툴리가 덤덤하게 헤어지던 그 인사 그대로. 차오(Ciao)!

– **개봉** 2019년
– **감독** 노아 바움백
– **출연** 스칼릿 조핸슨, 애덤 드라이버

그해 나는 퇴사를 했다. 건강이 안 좋아진 친정 엄마와 일흔이 넘은 시부모님께 더 이상 두 아이의 육아를 부탁드릴 수 없는 상황이었다. 등·하원 도우미를 구하는 비용을 계산하고 있는 '엄마로서의 나'와 만 10년 직장인으로 이직과 퇴사의 기로에 선 '사회인으로서의 나'는 충돌을 하고 있었다. 남편에게 투정도 해 보고 고민을 이야기했지만, 그의 답은 한결 같았다. "네가 하고 싶은 대로 해." 아마도 MBTI의 극 T와 F 유형이 만나면 안 되는 이유가 필요하다면, 이런 경우가 아닐까 싶다.

영화 〈결혼 이야기〉에서의 찰리의 성격은 남편과 닮은 구석이 많았다. 찰리의 극단에서 배우로 일하는 니콜은 남편에게 자신의 연기에 대해 묻는다. "형편없진 않지?"라는 부정형의 질문은 아마도 찰리의 성격을 이미 알고 있던 니콜의 질문 방식이었는지도 모른다. 찰리는 그녀의 의도대로(?) 아내의 연기력을 조목조목 지적하고 만다. 게다가 찰리는 감정보다는 이성적인 사람이다. 대화할 땐 주로 사실을 말하기를 좋아하고, 심지어 아들 헨리를 대할 때에도 아이 마음에 공감하기보다는 왜 그걸 해야 하는지를 짚어 준다. 핼러윈 파티에서 부자가 약속한 프랑켄슈타인 의상이 입기 싫어진 아들에게 찰리는 끝끝내 이만큼 고생해서 만든 옷이므로 입어야만 한다고 일장 연설을 늘어놓고는, 끝에는 네 마음대로 하라는 식이었다.

앞서 남편이 나에게 한 "네 마음대로 해." 역시 비슷한 맥락이었다. "네가 무슨 선택을 하든 나는 지지해."의 의미가 아니었다. 감정의 공유가 되지 않자, 나는 말을 아꼈고 우리의 대화는 사라져갔다. 연기력을 지적당한 니콜이 애써 쿨한 척 참아 내는 마음을, 뒤돌아 이내 터져 버린 눈물을 베갯속에 파묻어 버리는 마음을 너무 잘 알 것 같았다. 바닥까지 내려앉은 자존감은 상대를 향한 인정의 갈급함으로 뒤바뀌어 나를 갉아먹는다.

퇴사 이후 남들은 회사 안 가고 애들 키워서 좋겠다고 했지만, 만일 그때로 돌아간다면 아마도 힘들게 버티는 워킹

당신의 세계는 안녕한가요

맘의 삶을 선택했을지도 모른다. 풀타임 집안일은 업무 시간 대비 성과를 인정받기 힘든 직무다. 월급도 없고, 연차도 없고, 그렇다고 협업할 누구도 없다. 일을 할 때는 남편과 분업이란 걸 나름 했지만, 퇴사 이후엔 왠지 그렇게 하면 안 될 것 같았다.

한번은 남편이, 아이들이 유치원에 간 시간 동안 일종의 재택근무가 가능한 '의미 있는' 시간을 보내는 게 어떠냐며 인터넷 쇼핑몰을 해 보자고 했다. 상당히 간단한 계획이었다. 쇼핑몰이라면 초기 자본도 많이 필요 없으니 부담이 없었다. 난생 처음으로 사업자를 내고, 통신판매업 신고도 했다. 온라인 플랫폼에 사업자 등록을 하고 나니 정말 뭐라도 팔 수 있을 것 같았다. 요즘은 밤새워 동대문 시장을 돌아다니며 사입(仕入)하는 시절이 아니다. 앱을 통해 샘플만 구입했다. 내가 모델이 되고 남편은 촬영을 하기로 했다. 사들인 장비들과 홈 스튜디오를 위해 소파도 버리는 등 화끈하게 준비했지만, 이렇게만 해도 잘됐다면 세상의 모든 쇼핑몰은 대박이 났을 거다.

정말 어색하기 짝이 없는 포즈들, 집안 형광등과 조명 두 개로 만들어지는 색감, 무엇보다 옷을 설명해야 하는 상세 기술서는 내가 하기엔 역부족인 작업이었다. 더욱이 나는 옷을 잘 모른다. 내가 잘하지 못하는 일이다 보니 쇼핑몰을 위해 쏟아부어야 할 시간은 하루에 내가 해야 할 일, 즉 아이들 등·하원, 학원 셔틀, 집안일을 다한 후에 남는 시간에만 하게 됐다. 결국 팔기 위해 사들인 샘플은 다 내 옷이 되고 말았다. 그렇게 우리의 첫 사업은 (너무나 당연하게) 실패했다. 이제야 고백하자면 나도 열심히 안 했다. 돈을 벌고 싶어서 시작했지 애초에 내가 하고 싶은 일은 아니었다.

이걸 준비하면서 드는 생각은 내가 능력이 없다는 자괴감 같은 것이었다. 나도 나름 회사에서 인정도 받아 보고 제때 승진도 했던 사람이었는데, 마치 집에서 할 일 없이 시간을 보내는 그런 사람이 된 것 같았다. 옷으로 사업하자고 했던 건 그가 옷을 좋아하고 잘 알기 때문이었는데, 그는 내가 짠 하고 좋은 결과물을 만들어 내길 바라는 것 같았다. 그리고 그런 기대에 못 미친다는 부담감과 막막함에 나는 정신적으로 지쳐 갔다.

퇴사하지 말 것을. 해결책은 없는, 마음만 불편한 잡생각들이 계속 머리를 맴돌았다. 남편에게 인정받지 못하는 것 같은 상황이 서글펐다. 경제적 자주권이 사라지며 점점 수동적이 되어 가는 내 모습이 또 그러했다. 지금 생각해 보면 내 자존감이 참 많이 낮았던 것 같다.

영화에서 니콜도 자신의 결혼 생활에 대한 속내를 눈물을 흘리며 털어놓는다. LA에서 주목받는 신인 배우였던 니콜은 자신의 커리어를 포기하고 무명 감독인 찰리를 따라 뉴욕에 정착했다. 찰리의 극단이 잘나갈수록 작아지는 자신의 모습을 느끼는 과정에 임신과 출산을 겪고, 전적으로 남편의 취향과 계획대로 맞춰진 자신의 삶을 돌아보게 된다. 한때 성공 가도를 달리던 자신의 커리어는 사실 상관이 없었다. 와이프의 전화번호도 기억하지 못하는 무심한 남자가 문제였을 뿐. 니콜은 찰리로부터의 존중과 인정, 특히 LA에서 제안이 들어온 니콜의 일에 대해 찰리의 응원이 절실했다. 나의 인정 욕구 역시 오직 남편을 향해 있었던 것처럼.

하지만 나의 현실 남편도 나의 낮아진 자존감을 어루만져 줄 마음의 여유가 없었다. 완벽주의 성향에, 일에 매몰됐던 그는 점점 회사 스트레스를 견뎌 내지 못하고 있었다. 저녁에 와서 잠깐 마주치는 그 시간 동안 아무런 말도 없이 한숨을 안주 삼아 혼자 술을 마셨다. 그리고는 세상 모든 우울함을 장착한 얼굴로 자주 "지겹다. 괴롭다. 관두고 싶다. 무의미하다. 뛰어내리고 싶다. 사라지고 싶다. 죽고 싶다…"라고 했다. 한 가정의 가장임에도 무책임한 태도로 말하는 거라 생각해서 화가 났지만, 그럴 때마다 화를 낼 수 없는 노릇이었다. 나마저 밀어내면, 이 사람이 정말 사라져 버릴 것 같은 불안감에 사로잡혔다. 어쩌면 정말 우울한 마음의 SOS일지도 모른다 여겼다.

게다가 나는 이제 '전업 맘'이었다. 바쁘고 내 삶이 있을 땐 몰랐다. 종종 들어오던 남편의 넋두리인데도 회사를 다닐 때 느낀 강도와는 차원이 달랐다. 당시 내 인생에 가장 영향을 미치는 사람은 남편 단 한 사람이었다. 누구는 아이 때문에 참고 산다고 하지만 이 사람은 아니었다. "부모가 행복해야 자식도 행복한 거야. 자식 때문에 희생하는 삶은 살고 싶지 않아."

남편은 나를 통해 어떤 탈출구를 마련하고 싶었던 것 같았다. 단 한 장이라도 주문이 들어와 준다면, 회사에서의 괴로움에 조금이라도 위안을 받을 수 있을 거라 생각하지 않았을까. 남편보다 훨씬 어린 의류 협력사들 대표들이 승승장구하며 매출을 올리는 걸 옆에서 지켜보니 더욱 그랬을 것이다. 언제까지나 자신은 종업원으로만 일하는데, 그 어린 친구들은 너무 멋있는 인생을 사는 것처럼 보였으리라. 안 그래도 회사 스트레스가 극심했던 사람은 첫 사업이 실패하자 더욱 절망했다.

술을 먹는 횟수가 점점 늘어나고, 어느 날은 절주가 안 되더니, 급기야는 그 분노를 어쩌지 못하고 자기 파괴적인 모습을 보이기 시작했다. 우리 부부는 함께 사는 동안 서로에 대한 불만이나 짜증이 발생하는 상황이더라도 막장까지 가지는 않았다. 어느 선에서 그만둬야 할 지점에는 둘 중 한 사람이 참았다. 그래서 거의 싸움이 없는 부부였다. 대신 정말 서운한 것에 대해선 말을 아꼈다. 그렇게 살던 우리 사이에 그조차 제어가 안 되는 상황이 오기 시작했다. 그리고 분노를 토해낸 다음 날이면 늘 같은 방식으로 사과했다. 그러다 그런 모습들을 바라보는 내가 무뎌지고 익숙해지는 게 보이기 시작했다. 그때 처음으로 부부 관계의 지속성에 대한 심각한 고민을 하기 시작했다.

남편이 이따금씩 보인 분노의 근원은 15년간 한 회사를 다니는 매너리즘이라 치부하기엔 상당히 복합적이었다. 누군가는 곱게 자라 복에 겨운 소리라 했고, 철딱서니 없는 막내아들 같은 투정이라 했다. 나 역시 처음엔 그렇게 생각했었다. 그러나 그를 들여다보며 한 사람의 인생을 모두 같은 기준으로 판단할 필요가 없다는 걸 알았다. 이 사람에겐 회사를 의무감으로 다닌다는 것이 삶의 의욕을 상실할 만큼 지옥 같은 일이었다. 자신의 인생에 대한 가치를 월급 하나만 보고 매일 반복하는 삶으로 환산하는 게 무의미하다고 생각하고 있었다.

그는 이 지옥 같은 삶을 일종의 책임감으로 버티고 있는 것에 대한 결단이 필요했지만, 가족을 빌미로 한 회피일 뿐이었다. 나는 마음의 여유를 도무지 찾아볼 수 없는 남편으로부터의 인정을 갈구했지만, 퇴사 후 달라진 인생의 목표를 다잡고 나 자신을 스스로 인정하는 방법과 에너지가 필요했다. 우리는 부부라는 이유로 각자의 내면에서 해결해야 할 숙제들을 미숙한 방식으로 서로에게 저격하고 있었다. 니콜과 찰리가 서로를 향해 묵혀 둔 감정을 한번에 쏟아 내며 결국엔 저주를 퍼부을 정도로 바닥을 본 것처럼, 그해 우리가 그랬다.

이쯤에서 영화 〈결혼 이야기〉의 시작을 다시 떠올려 본다. 찰리와 니콜이 서로의 장점을 말하는 내레이션과 함께 행복했던 결혼 생활이 차곡차곡 지나간다. 장점이 운명인 줄로만 알았던 이 두 사람은, 사실 이혼을 앞두고 있다. 니콜은 부부 상담 과제로 종이 한가득 써 낸 남편의 장점을 차마 입밖으로 읽지 못한다. 그토록 사랑한 이유가 많았던 두 사람의 마주치지 않는 눈빛이, 멀리 떨어져 앉은 거리가, 헤어져

야만 하는 이유를 대변할 뿐이다. '결혼의 끝에서 비로소 다
시 시작되는 이야기'라는 넷플릭스에 적힌 한 줄의 영화 설
명은 우리에게도 분명 다시 시작해야만 하는 이야기가 필요
함을 알려 주고 있었다.

"부부가 뭐니?

잠시 잠깐 운명이라는 착각에 빠져서

결혼이라는 걸 하고 몸을 섞어 살았다는 이유로

내 전부를 담보 잡혀야 할 만큼 가치가 있는 걸까?"

_드라마 〈부부의 세계〉 중

영화의 끝에 찰리는 아들의 부탁으로 극 초반 니콜이 읽
지 못한 찰리의 장점에 대한 글을 읽게 된다. 찰리와 2초 만
에 운명처럼 사랑에 빠졌다고 했던 니콜은 저 질문에 대한
대답으로 이혼을 선택했을지도 모른다. 그해 나 역시 그의
괴로운 인생에 함께 담보 잡힌 가여운 인생이라고 여겼다.
혹은 그런 거라고 자기 합리화하며 수동적인 안정감을 갈망
했던 것일지도.

하지만 나는 이혼하지 않기를 선택했다. 내면의 감정들을
하나둘 꺼내어 서로의 가장 어둡고 불편한 곳을 들여다보기

시작했다. 어쩌면 우리 부부는 그 바닥의 지점에서 합의가 됐을지도 모른다. 남편은 그토록 스스로를 내몰았던 회사에 잠시 쉼표를 찍었고, 나는 팟캐스트 〈퇴근길 씨네마〉를 통해 새로운 도전도 해 보고, 재취업에 성공했다. 그리고 부부 상담을 통해 서로 다른 세계관을 이해하는 방식을 다시 배우기 시작했다. 운명이라는 착각으로 서로에게 담보 잡힌 인생이 아니라 우리는 같은 지분의 공동 명의로 이번 생을 살아가게 된 운명 공동체라는 것을 알기에.

"혼자는 혼자일 뿐 살아가는 게 아니야.
넘치는 사랑을 주는 사람,
관심을 요구하는 사람,
내가 이겨 나가게 하는 사람.
난 그 자리에 있을 거야.
같이 살아가야지."

_영화 〈결혼 이야기〉 중

라 이 드 : 나 에 게 로 의 여 행 Ride

– **개봉** 2015년
– **감독** 헬렌 헌트
– **출연** 헬렌 헌트, 브렌턴 스웨이츠, 루크 윌슨

파도를 탄다!
행복을 탄다!

처음이었다. 두 아이를 데리고 양양으로 서핑을 다닌 지 열한 번째쯤 되던 날, 남편은 집에 가는 길에 이렇게 말했다. "행복해. 살면서 처음으로 태어나서 다행이라고 생각했어. 그렇지 않았으면 이걸 모르고 죽었을지도 모르잖아." 덜 불행하기 위해 열심히 노력하면서 산다고 했던 어느 가수의 인생관처럼, 인생은 불행이라 여겼던 남자에게서 이런 말을 듣다니 기적이 아닐 수 없었다. 처음 그가 서핑을 배우고는, 말로 표현할 수 없는 기분을 함께 느껴 보자는 말에 어쩌다 나도 시작하게 된 게 서핑이었다.

영화 〈라이드: 나에게로의 여행〉은 서핑을 배우던 날들을 선명하게 떠올리게 만든 영화다. 재키가 쫀쫀한 서핑 슈트를 입느라 탈의실에서 자신의 몸을 욱여넣으며 끙끙대던 그 순간부터. (정말이지 슈트 입다가 도중에 벗고 못 한다고 할 뻔했다.)

재키는 뉴욕에서 출판사 편집자로 일하며 오직 아들 안젤로와 일밖에 모르는 워킹 맘이다. 스무 살 어른이 된 작가 지망생 아들에게 집착하는만큼 온갖 잔소리를 서슴지 않는 엄마이기도 하다. 안젤로는 그런 엄마를 떠나서, 하고 싶은 서핑도 실컷 하고 자신의 삶을 찾고자 아빠가 있는 LA로 떠난다.(안젤로의 엄마와 아빠는 이혼했다.) 그것도 엄마 몰래 학교마저 자퇴한 채로. 그런 아들을 잡으려고(?) LA로 날아간 재키는 그곳에서 만난 아들에게 "엄마는 절대 서핑 못할 걸?"이라는 열 글자의 도발을 접했고, 그로 인해 그녀의 인생은 터닝 포인트를 맞는다.

호기롭게 시작했지만 결코 쉽지 않은 서퍼가 되는 길. 재키는 서핑 강사 이안에게 서핑을 배우며 자신의 모습을 당당하게 아들에게 보여 주고자 하지만, 파도에 보드와 함께 나뒹굴다가 탈진하기 일쑤다. 그 모습은 어쩐지 꼭 나 같았다.

나 역시 남편만 배우고자 갔던 양양의 바다, 더욱이 낮에 수온이 10도도 안 되는 차디찬 바닷물에 들어갈 거란 생각은 전혀 못했다. 마음의 준비를 어느 정도 했다고 생각했는데, 막상 내 키보다도 훨씬 큰 롱보드를 들고 파도를 뚫고 들어가려니 어느 순간부터 아무 생각이 없어졌다. 재키와 이

당신의 세계는 안녕한가요

안처럼 일대일 강습이었기에 그나마 수월하게 보드를 컨트롤하면서 파도를 뚫고 들어갈 수 있었다. 나 혼자의 힘으로 파도와 맞서 들어가는 건 시작부터 녹록지 않은 과정이었다. 파도가 해변으로 들어오면서 하얗게 부서지는 지점이 있는데, 그곳을 지날 때면 얼굴과 온몸으로 (물 싸대기에 가까운) 파도를 맞으며 넘어가야 했다. 눈으로만 보던 바다가 아니라, 온몸으로 느끼는 파도였다.

그러다 처음 테이크 오프(take off)에 성공했을 때는 그간의 긴장감은 온데간데없이 절로 미소가 지어졌다. 슈웅 하고 보드가 앞으로 밀려나가는데, 물 위를 걷는 기분이 이런 걸까 싶었다. 그렇게 무겁던 보드가 이렇게 가볍게 느껴질 수 있다니! "무생물의 보드를 움직이는 건 변화무쌍한 바다이거나 변화무쌍한 누군가"라던 영화 속 이안의 말처럼, 내가 바로 그 변화무쌍한 주인공이 된 기분이었다. 이런 파도 맛을 보려면 다시 파도를 뚫고 들어가야만 했다. 나를 가르쳐 줄 선생님이 있는 저 바다로 나 혼자 들어가야 했다. 그래도 보드와 좀 익숙해지니 파도를 마주하기가 쉬워졌다.

매번 테이크 오프가 성공하면 좋겠지만, 절대 그럴 수 없으므로 물에도 정말 많이 빠졌다. 짠물의 짜릿함을 파도 맛보다도 훨씬 많이 느꼈다. 내 몸이 바닷물에 절여지더라도 그 찰나의 파도 맛에 중독될 수 있겠다 싶었다. 그리고 꼭 파도를 타는 게 아니더라도, 보드에 앉아 꿀렁거리는 파도 위에 있는 기분은 그 안에 들어가서 앉아 본 사람만이 느낄 수 있는 특권 같았다. 왜 남편이 차마 말로 다 표현하지 못했는지 알 것 같았다. 첫날 강습에서 내가 성공한 테이크 오프 횟수는 겨우 세 번이었다. 그럼에도 그 세 번의 파도는 등 떠밀려 바다에 들어 온 나를 완전히 바꿔 놓았다.

그렇게 매 주말 두 아이를 데리고 서핑을 다녔다. 그러던 어느 날 변화무쌍한 바다의 진가를 확인했다. 파도가 밀어주는 힘에 못 이겨 사정없이 보드와 함께 물에 꽂히고는 통돌이 빨랫감처럼 허우적거리던 영화 속 재키의 모습이 곧 나였다. 그럴 때마다 내게 서핑을 가르쳐 준 서핑숍 사장님은 이렇게 위로했다.

"파도는 지나가요."

자꾸 안 되겠다고 생각하면 더 안 되는 거라고, 서핑은 즐기면서 하는 거라고. 오늘의 파도는 잘 꽂힐 수 있는 파도였으니 너무 좌절하지 말라고 했다. 생각대로 가는 것, 본 대로

당신의 세계는 안녕한가요

가는 게 서핑이었다. 나는 무서웠고, 파도에 겁을 먹었다. 겁을 먹고 물을 보게 되니 계속 물로 들어갔다. 서핑은 비워야 할 수 있는 운동이다. 몸에 힘도 비우고, 머릿속의 불안도 비워야 한다.

어제의 잔잔했던 바다가 오늘은 괴물 파도로 변해 있다. 사는 것도 어제와 오늘이 같을 수 없는 것처럼 들어오는 파도도 늘 같을 수 없다. 파도가 세트로 온다는 것도 마음의 준비를 할 수는 있지만 피할 수는 없었다. 한 번, 두 번, 많게는 세 번의 큰 파도가 올 때면 나는 그저 보드 위에서 지나가기만을 기다리면 됐다. 긴장하고 움츠러드는 순간, 파도는 나를 더 힘껏 덮친다. 그게 찰나의 몇 초일지라도 말이다.

"세상은 나쁜 일투성이다."라고 위로하던 이안의 말처럼, 살면서 겪는 여러 종류의 시련이나 고난을 생각해 보면, 그것들은 지금 내가 파도를 알아 가고 이해하면서 느끼는 것과 비슷했다. 하늘을 원망할 정도로 힘든 일이 쏟아질 때도 있었다. 하지만 이제 와 보니 그 또한 파도처럼 다 지나간 일이다. 어쩌면 서핑을 배우는 지금이 내 삶에서 가장 평화로운 날이 될지 모른다. '통돌이'가 되어 물속을 헤매도 어쨌든 난 다시 물 위로 나올 수 있으니까.

재키가 지나온 삶의 파고도 상당히 높았던 것 같다. 무엇보다 큰아들의 죽음으로 인한 죄책감으로 둘째 아들 안젤로에게 집착하고, 스스로를 향한 지나친 강박을 통해서 불안을 통제해 온 듯하다. 수영장에서조차 머리를 적시려 하지 않을 만큼 조금이라도 흐트러지는 모습을 용납하지 않던 그녀였다. LA 해변 모래사장에서도 홀로 킬 힐을 신고 있던 그녀였다. 언제 전화가 올지 모르는 회사일 때문에 손에서 핸드폰을 놓지 못하던 그녀가 서핑을 배우기 시작하면서 바닷물을 뒤집어쓰고 힐을 벗고 전화를 꺼 두었다.

급기야는 차마 보내지 못하고 집 안에 간직했던 큰아들의 유해를 서핑보드에 고이 올려 바다로 향한다. 그러고는 큰아들을 자유로이 바다로 보내 주고 나서야 재키는 그토록 강박에 사로잡혔던 뉴욕 도심에서의 삶과 안젤로에 대한 집착을 내려놓고, 바다와 함께하는 삶을 택한다.

바다는 그런 곳이다. 끝없이 펼쳐진 수평선과 파도 앞에서 한낱 미물임을 깨닫게 하다가도 동시에 오롯이 나를 품어 주는 곳.

> "여기 계속 있다가는 오는 파도 다 맞고
> 급류에 휘말리게 돼요.

당신의 세계는 안녕한가요

포기하고 해변으로 나가거나

파도를 뚫고 바다로 나가야 해요."

_영화 〈라이드〉 중

그녀는 파도를 뚫고 나갔다. 수없는 도전 끝에 결국엔 스스로 보드에서 일어나 환호성을 지르며 파도 위를 라이딩하는 그녀의 모습에서 비로소 행복과 해방감을 느낄 수 있었다. "내가 행복하면 된 거래." 아빠로부터 들은 이 말 한마디가 아들 안젤로를 LA에 머물게 한 것처럼, 자신이 쓴 원고에 전문가로서 빨간 펜으로 한가득 피드백을 해 준 엄마의 수정고보다도, 아들 안젤로를 움직이게 한 힘 역시 "행복"이었다.

나도 그렇다. 서핑을 할 수 있는 바다를 알고, 이런 영화를 이해한다는 것만으로도 행복하다. 그거면 됐다.

완벽한 타인

– **개봉** 2018년

– **감독** 이재규

– **출연** 유해진, 조진웅, 이서진, 염정아, 김지수, 송하윤, 윤경호

밤 열한시가 넘은 시각, 남편의 핸드폰에 알림이 울렸다. 그날따라 그는 일찍 잠이 든 상태였다. 핸드폰에 불이 들어오자, 아직 잠이 들지 않았던 나는 자연스럽게 그의 핸드폰으로 시선을 옮겼다. '이 시간에, 웬 카톡이?' 홈 화면에 미리보기로 뜬 이름은 종종 듣던 회사 여자 후배 X였다. 나는 고민했다. 밀어서 잠금 해제를 할 것인가, 말 것인가?!

이 상황은 마치 영화 〈완벽한 타인〉에서 "이제 핸드폰으로 오는 모든 걸 공유하자."라던, 게임의 시작과도 같은 순간이었다. 개기 월식이 있던 날, 부부 동반 집들이에서 만난 40년 지기 친구들은(미혼이었던 한 친구의 애인만 참석을 못했다.) 밥 먹는 자리에서, 그것도 저녁을 먹는 동안 핸드폰을 식탁에 올려 두고 수신되는 모든 것을 공유하는 게임을 시작하게 된다. 겉보기엔 비밀 하나 없을 것 같은 완벽한 커플들이

자, 오랜 친구 사이인 일곱 명의 주인공들. 게임을 시작하기 주저하는 남편 석호에게 "왜? 당신 뭐 숨기는 거 있어?"라고 말하는 주동자 예진과 이거 미친 짓 아니냐는 준모에게 "찔리는 거 있어?"라고 묻는 아내 세경의 말에 이 집들이에 초대받은 모든 이들은 위태로운 게임에 동참하게 된다.

'그래, 찔리는 게 없어야 하는 게 부부 사이지.' 나에게도 잠금 해제를 할 법한 명분이 생겼다. 이 게임을 주동한 영화 속 예진의 대사처럼 핸드폰이 문제다. 쓸데없이 너무 많은 게 들어 있는 핸드폰은 인생의 블랙박스다. 나는 기어코 밀어서 잠금 해제를 하고 말았다. 잠 들어 있던 그의 블랙박스가 열리는 순간이었다.

후배 X가 보낸 장문의 업무적인 글 끝에 하트 이모티콘이 눈에 들어왔다. 스크롤을 올릴수록 남편과의 대화 사이에 엿보이는 텍스트 속 '티키타카'가 나의 온 신경을 곤두서게 했다. 두 사람은 꽤나 오랜 시간 많은 대화를 하고 있었다. 무엇보다 단순히 상사에 대한 신뢰를 표현하는 것치고는 X의 미묘하게 선 넘는 표현들이 내 레이더망에 차곡차곡 걸려들었다.

"제가 차장님이 그냥 좋아서 좋은 게 아니에여."

"울 차장님이랑 떨어지면 회사 다니는 이유는 0이에요. 마이 소울 메이트~"

"차장님 자리 옆으로 가고 싶어요…"

"지금 중요한 건 그 새끼가 내 남편 입술을 그리워한다는 거야."라며 분개한 영화 속 수현처럼, "지금 중요한 건 그년이 내 남편 옆자리를 그리워한다는 거야."라는 분노가 나의 이성을 잠식하기 시작했다.

영화에서 수현의 남편 태수는 아내의 옷차림마저 통제할 정도로 지나치게 가부장적이고 보수적인 남편이었는데, 사실은 아내 몰래 밤 10시마다 모르는 여자의 가슴 사진을 받고 있었다. 이를 핸드폰 게임으로 들킬 위기에 처한 태수는 옆에 앉아 있던 미혼 친구 영배의 핸드폰과 바꿨지만, 아뿔싸! 영배는 알고 보니 게이였던 것. 영배의 애인에게서 온 "당신 입술이 그립다"는 문자 한 줄은 수현에게 오해를 낳은 채, 15년 넘게 같이 살아 잘 안다고 생각했던 남편 태수를 순식간에 낯선 사람으로 만들었다.

나 역시 남편의 모습으로 알던 그가 낯설었다. 후배 X가 이런 말을 스스럼없이 할 수 있는 여지를 남겼다는 것에 대한 묘한 배신감이 들었다. 대화를 곱씹을수록 나는 상상의 나래를 펼칠 수밖에 없었다. 시장 조사를 하러 간다는 이 둘의 외근조차 불순하게 느껴질 정도였다. 단 1분도 참을 수 없었다. 잠을 자고 있던 그를 거칠게 깨웠다. 그러고는 "그 X 발끝 하나 내 차에 태웠다가는 가만있지 않겠어!"라고 화를 냈다. 그는 난데없는 분노를 마주하고는 당황스러움을 감추지 못했다. 사태를 파악한 그에게서 나오는 어떠한 이유도, 변명도 X를 두둔하는 모양새가 되었다.

"모든 관계는 서로 다르다는 걸 인정하는 데서 시작해야 한다.
사람들이 다 다르잖아.
생각도 다르고, 행동도, 사랑하는 표현법도 다르고.
근데 우리는 보통 그거를 틀렸다 말하고
상처를 주고받더라고."

_영화 〈완벽한 타인〉 중 태수의 대사

　남편은 억울함을 호소했다. X는 만인에 대한 친절함과 애교 섞인 표현으로 회사에서 자신의 존재감을 드러내는 친구라며 팀 단톡방을 들이밀었다. 회사 업무에 대해 그저 조금 더 편하게 이야기할 수 있는 후배 중 한 명이지, X가 보내 온

텍스트나 이모티콘에 의미 부여를 하지 않아 왔기에 그것이 문제가 되리라고는 상상도 해 본 적이 없다고 했다. 하지만 이미 나는 상처를 받았고, 그가 하는 어떤 말로도 덮어지지 않았다. 파국이었다.

영화에서도 태수 부부 외에도 주인공들의 비밀이 모두 발가벗겨지며 모든 관계가 곤란해진다. 아니, 사실은 개기 월식이 끝남과 동시에 영화 〈인셉션〉의 반지 엔딩처럼 꿈인지 현실인지 알 수 없는 상태로 끝을 맞이한다. "이날 주인공들은 게임을 하지 않았고, 모든 커플과 친구들은 오래오래 행복하게 잘 살았답니다."의 엔딩은 '타인의 블랙박스를 열어보지 않은 삶이 곧 평화로운 해피 엔딩'이라는 메시지를 주며 오래도록 여운을 남긴다. 개기 월식이 진행되면 지구의 그림자에 가려진 달은 본래의 달과는 다른 색을 띤다. 내가 아는 타인은 원래 보여지는 달일 수도 있고, 그림자에 감춰진 색이 다른 달일 수도 있다. 진짜 모습이 무엇인지는 자기 자신만 알 뿐이다.

다시 처음으로 돌아가, 사실 나는 핸드폰 잠금 해제를 하지 않았다. 영화 속 태수의 대사처럼 뭐 굳이 서로에 대해서

많은 걸 알 필요가 있는가. 그 시간 핸드폰으로 울린 카톡은
'X가 급한 일이 있었나 보다…' 하며 넘겼다. 감춰져서 피곤
한 건 달이지 지구가 아니지 않은가.

> "사람들은 누구나 세 개의 삶을 산다.
>
> 공적인 하나,
>
> 개인적인 하나…
>
> 그리고 비밀의 하나…"
>
> _영화 〈완벽한 타인〉의 엔딩 자막 중

당신의 세계는 안녕한가요

원더　Wonder

- **개봉** 2017년
- **감독** 스티븐 크보스키
- **출연** 제이컵 트람블레이,
  줄리아 로버츠, 오언 윌슨,
  이저벨라 비도빅

- **개봉** 2018년
- **감독** 벤 르윈
- **출연** 다코타 패닝, 토니 콜레트

스탠바이, 웬디　Please Stand By

태양이
행성이 되던 날

　엄마는 "언니 학교 데려다 주고 올게."라며 두 돌쯤 된 아이에게 우유병 하나를 건넸다. '순댕이'로 불린 그 아이는 언니 등교 시간이 되면 엄마가 준 우유병을 물고는 어린이 프로그램을 보면서 얌전히 누워 있었다. 그런데 하루는 어쩐 일인지 엄마를 따라가겠다고 떼를 썼다. 달래지지 않자, 엄마는 자전거 앞뒤로 두 딸을 태우고 큰딸의 등굣길에 올랐다.

　그 아이는 좀 커서 다섯 살이 되었다. 얼추 말도 좀 할 줄 알았다. 하루는 동네 슈퍼마켓에 갔는데, 언니의 또래 친구들이 언니를 보고 춤추면서 걷는 것 같다며 놀렸다. 사실 아이의 언니는 보통 사람과는 걸음걸이가 조금 달랐다. 하지만 아이는 참지 않았다. "우리 언니 놀리지 마!!!"라고 버럭 화를 내며 씩씩거렸다. 그 모습을 본 슈퍼마켓 주인은 엄마에게 "둘째 딸이 참 야무지네."라며 칭찬했다.

여기까지는 엄마가 나에게 들려준 어린 시절 언니와의 일화 중 일부다. 그때 그 아이였던 나는 이따금씩 그 시절의 잔상들이 떠오른다. 쫄래쫄래 따라 올라갔던 언니가 다니던 초등학교의 계단, 언니와 함께 다닌 집 앞 슈퍼마켓의 모습들.

누구보다 언니를 앞장서 지켜 주던 아이는 어느 날부터 누군가가 가족 관계에 대해 물어 오면 불편함을 느꼈다. 남들의 시선을 조금 더 민감하게 받아들이던 시기, 그 즈음이었다. 가끔은 외동이라고도 답했다. 언니는 몇 살인지, 어디학교에 다니는지 추가 질문을 안 받아도 됐고, 무엇보다 아직 잘 알지 못하는 타인에게 나의 특별한 사정을 처음부터 이해시키고 싶지 않았다. 영화 〈원더〉에서 주인공 어기의 누나인 비아가 남자 친구 저스틴을 처음 만났던 날, 형제는 없냐는 물음에 그렇다고 대답한 장면에선 어쩐지 그 마음을 알 것 같았다. 순간의 회피로 인한 죄책감과 언니에 대한 미안함은 비록 우리들의 몫이지만.

> "어기는 태양이고,
> 엄마와 아빠와 나는 태양을 도는 행성이지만,
> 난 동생을 사랑하고 이 우주에 익숙하다."
>
> _영화 〈원더〉 중

당신의 세계는 안녕한가요

영화 〈원더〉는 선천적 안면 기형 장애를 가지고 태어난 어기가 처음으로 학교라는 낯선 세상에 들어가 성장하는 이야기다. 여느 성장 영화보다 이 영화가 좀 더 특별하게 다가온 건 어기를 중심으로 한 주변 인물들의 시점을 그려 내서다. 주인공 어기가 세상의 시선을 이겨 냈다는 스토리보다는 그런 시선을 함께 이겨 나가는 가족, 그중에서도 누나인 비아의 이야기가 애틋하고 특별했다.

나의 언니는 뇌성 마비 장애를 지닌 지체 장애인이다. 뇌병변(腦病變) 장애 1급으로 분류되는 중증이지만, 몸을 스스로 움직이지 못할 뿐 어릴 적에는 방학 숙제로 그림도 그려 줄 만큼 나보다 손재주도 좋았다. 8개월 만에 세상에 나온 조산아였음에도 1977년 그 시절의 의료 기술은 언니의 상태를 일찍 알아차리지 못했다. 엄마는 그것이 험난한 팔자의 시작이라 했지만, 엄마는 언니를 이 험난한 세상의 사회 구성원으로 성장시키기 위해 어기의 엄마 이자벨처럼 자신의 인생은 뒤로한 채 부단히 애썼다. 비가 오나 눈이 오나 휠체어를 실은 작은 티코 차에 언니를 태우고 언니의 학교생활을 책임지던 엄마는 그랬다.

나는 평범하지는 않은 나의 우주에 대해 스스로는 굉장히

특별한 거라 여겼다. 내가 살면서 가장 많이 들은 말 중 하나
는 "착하다."였는데, 나를 이 특별한 우주에 데려다 놓은 데
는 분명 이유가 있을 거란 생각에 '착해야만 한다'고도 생각
했다. 아마도 그건 비아도 나와 같은 생각이었던 것 같다.

> "부모님은 내가 세상에서 가장 이해심이 많다지만
> 그건 잘 모르겠다.
> 가족의 문제를 하나 더 만들기 싫었을 뿐."
> _영화 〈원더〉 중

엄마는 학창 시절의 내가 반장이 되거나 동아리 간부를
맡았던 날을 떠올리며 내가 감투 쓰기를 참 좋아했다고 추
억한다. 하지만 어쩌면 나도 이 우주 안에 반짝이고 있는 행
성이라는 걸 부모님에게 증명하고 싶었던 건지도 모르겠다.
그나마 나는 비아와는 달리 둘째로 태어나, 건강하게만 자라
달라는 부모님의 바람이 한껏 반영되어 언니를 대신해서 누
린 것도 많다. 그럼에도 불구하고 하고 싶은 투정을 한 번 더
삼키고 참아 내는 게 착한 자식이 되는 길임을 안다. 장애인
형제를 둔 나와 같은 사람들이 그렇게 애어른이 되어야만 했
던 건, 아픈 자식을 낳았다는 이유로 엄마의 것이 아니게 된

엄마의 삶에 나라는 걱정을 얹어 주기 싫어서이기도 했다.

그렇게 자라 어른이 되고 나면 또 다른 고민에 직면하게 된다. 더 이상 언니가 내 우주의 태양이 아니게 되고, 이 우주 외곽의 행성 중 하나가 되어 버릴 때다. 영화 〈스탠바이, 웬디〉에서 언니 오드리는 결혼과 출산 때문에 엄마가 돌아가시고 나서도 잘 돌보던 자폐증 동생 웬디를 시설에 보내야만 했다. 집에 가고 싶다고 호소하는 동생에게 모진 말을 하고서 차안으로 돌아와 엉엉 우는 장면을 보고는 같이 울어 버렸다.

장애인 가족은 언젠가 한 번은 이 선택의 기로에 서는 것 같다. 부모는 나이가 들고, 형제자매는 각자의 인생을 그려 나가는 과정에서 이 세상을 평생 함께 갈 것인지, 돌봄의 의무를 내려놓고 시설에 보내야 하는 지. 전자는 가족의 희생으로, 후자는 가족의 이기심으로 비춰지며 어떠한 것도 완전한 행복은 없을 선택지이지만 애써 최선이라고 위로한다. 엄마의 노력으로 대학의 문턱까지 밟았던 언니는 시설에 들어가기를 선택했다. 언니가 처음 시설에 들어가던 날, 함께 식당에서 밥을 먹고는 너무 맛이 없어서 펑펑 울면서 집에 돌아오던 그날이 지금도 잊히지 않는다. 웬디가 "싫어도 목요일에 피자를 먹어야 하고, TV도 아무 때나 못 보고, 글도 아무 때나 못 써."라고 호소한 것처럼, 엄마의 김치볶음밥을 언니는 더 이상 먹고 싶을 때 먹을 수 없었다.

한동안 드라마 〈이상한 변호사 우영우〉 신드롬으로 세상이 들썩였다. 분명한 건 장애인에 대한 세상의 시선을 집중시켰지만, 한편으로는 소비되고 지나가는 관심일 거란 생각에 냉소적인 감정이 들기도 했다. 어디인가에 존재할 어기와 웬디, 그리고 우영우는 엔딩 이후의 삶을 계속 살아야 한다. 그보다도 사실은 이렇게 세상 밖으로 나와 존재감을 드러낼 수 있는 장애인들보다 그렇지 못한 장애인들이 훨씬 더 많다는 것을 우리는 안다.

> "힘겨운 싸움을 하는 모두에게 친절하세요.
> 그리고 그 사람이 어떤 사람인지 알고 싶다면,
> 그저 바라보면 돼요"
>
> _영화 〈원더〉 중

계속 바라보다 보면 익숙해지듯 그래서 언젠가는 모두가 사회 안에서 자연스럽게 삶을 살아 내는 경이로운 세상이

당신의 세계는 안녕한가요

되었으면 좋겠다. 어기가 자라 어른이 된 세상에서, 비아는 나와 오드리 같은 고민을 해야 하는 순간이 오지 않기를….

출근길 지하철이 도착했다. 지하철에서 전동 휠체어를 탄 사람이 내리다가 그만 앞바퀴가 열차와 승강장 사이에 끼고 말았다. 나는 1초의 고민도 없이 휠체어를 들어 올려 바퀴를 빼냈다. 그러고는 아무렇지 않게 열차에 올랐다. 문이 닫히자 창 너머로 엘리베이터로 향하는 그분의 뒷모습이 눈에 들어왔다. 모든 것이 아무렇지 않게 자연스러웠다. 그러고 나니 휠체어를 타고 있을 언니가 보고 싶어졌다.

콰이어트 플레이스 A Quiet Place

– **개봉** 2018년
– **감독** 존 크러진스키
– **출연** 에밀리 블런트, 존 크러진스키,
노아 주프, 밀리센트 시먼즈

아파트
생존 법칙

　이사 온 첫날이었다. 초인종을 누르는 소리에 비디오 폰을 보니 낯선 두 남자가 서 있었다. 아랫집에 사는 부자(父子)였다. 층간 소음을 조심해 달라는 얘기였다. 화를 내는 건 아니었지만 말투 속에 섞인 거친 단어들이 내 귀에 꽂혔다. 20년 된 구축 아파트라 이사 오기 전 2주 정도 공사를 해야 했는데, 그동안 겪었을 고충을 이해하기도 하고, 아이를 키우는 입장에서는 조심하는 게 맞으니 그저 죄송하다고 주의하겠다고 몇 번이고 머리를 조아렸다.

　그런데 일주일이 멀다하고 인터폰이 울렸다. 걸어 다니는 생활 소음에도 반응을 하는 것 같았다. 심지어는 우리 집이 아닌 우리 윗집에서 마늘 빻는 소리 때문에 우리에게 '컴플레인'을 해서, 직접 내려가 확인시켜 주기도 했다. 명절마다 선물과 진심 어린 편지를 건넸지만 그때뿐이었다. 아이들이 걸을 때마다 주의를 주고, 심지어는 내 집에서 청소기를 돌리는 것마저 눈치가 보이기 시작했다. 뒤늦게 알고 보니 전 주인도 아랫집과의 사이가 곪을 대로 곪아 이사를 간 모양이었다. 다음은 우리였다. 아파트 자체의 고질적인 방음 문제도 있어 세 아이가 사는 우리 윗집이 내는 소음도 만만치 않았다. 한두 푼짜리 물건도 아닌 내 재산의 8할인 집을 사면서 이웃 복 없는, 대단히 불행한 뽑기를 했다는 생각에 우울해졌다. 이건 영화 〈콰이어트 플레이스〉의 에블린 가족이 살아가는 모습과 크게 다를 바 없는 생활이었다.

〈콰이어트 플레이스〉는 소리를 내는 모든 것을 몰살하는 괴생명체를 피해 외딴 시골에서 세 아이와 함께 살고 있는 에블린 가족의 생존기를 그린다. 작은 소리에도 어른, 아이 할 것 없이 무차별 공격을 하는 괴물 때문에(마켓에 다녀오던 길에 에블린의 막내아들은 아빠 몰래 가져온 장난감 소리 때문에 가족들이 보는 눈앞에서 괴물에 희생됐다), 이들은 집안에서조차 일상에서 발생하는 모든 소리를 최소화하며 위태롭게 살아간다. 주인공 집은 두꺼운 카펫이 깔려 있기는 하지만, 나무 바닥이 있는 곳은 밟고 다닐 수 있는 부분에만 페인트칠이 되어 있다. 까치발은 물론이고, 자주 다니는 길에는 모래를 깔아 맨발로 다닌다. 모든 음식은 쪄서 먹고 소리가 나는 그릇

대신 나뭇잎을 사용한다. 대화는 오직 수화로 하고(딸에게 청각 장애가 있긴 하다.) 세수할 때의 물 튀기는 소리조차도 수건을 받쳐 차단한다.

　우리 집은 생사가 결정될 정도의 극한 상황은 아니었지만, 아랫집과의 갈등이 오래되어 갈수록 불안도 나날이 커져갔다. 가끔씩 층간 소음 이슈로 무시무시한 뉴스가 나올 때면 그 상황에 우리 집이 대입됐기 때문이다. 매트를 깔고, 까치발로 다니며, 아이들이 조금이라도 거슬리는 소리를 만들면 혼내는 게 일상이 됐다. 아랫집 부자가 주로 쓰는 방 위치에는 어지간하면 들어가지 않아도 되는 방으로 만들었다. 어쩌다 아이들의 놀이 소리가 커지거나, 놀던 장난감이라도 바닥에 떨어뜨리는 날에는 한 번씩 긴장해야 했다. 아랫집에서 경고하듯 천장을 쾅쾅치는 소리에 공포감이 확 밀려왔다. 영화에서도 에블린의 아이들이 보드 게임을 하던 중 실수로 랜턴을 넘어뜨려 소음과 함께 불이 나는데, 얼마 지나지 않아 이들의 집 지붕 위로 괴물이 온 것 같은 소리에 모두가 움찔하며 긴장하던 그때와 다르지 않은 순간이었다.
　이토록 예민해진 모든 감각 기관들로 인해 언젠가부터 트여버린 나의 귀도 윗집 소음에 반응하기 시작했다. 걷는 소리, 요리하는 칼질 소리, 윗집 핸드폰 진동 소리, 화장실에서 방으로 우다다다 걸어가는 소리, 화장실 문 여는 소리…. 어찌 보면 그저 일상의 생활 소음이라 이해하고 넘어갈 수 있었다. 하지만 '우리 집은 이렇게 숨죽여 사는데, 윗집은 왜 우리만큼 조심하지 않을까?'에 대한 억울함과 분함이 쌓여 갔다. 그러자 경비실에 호출을 하는 횟수가 늘어나기 시작했다. 소리마다 반응하며 투덜대는 나를 보며 아랫집 부자와 다를 바 없는 사람이 되어 가는 것 같았다.

결국 사달이 났다. 아이들은 목욕을 하고 있었고, 남편과 나는 거실에 앉아 각자 일을 하고 있었는데 초인종이 울렸다. 아랫집 아저씨였다. 현관문을 열자 씩씩거리며 시끄러워서 살 수가 없다고 했다. 억울함에 아이들 목욕하고 있는 거 안 보이냐고 말하자 불쑥 우리 집 안으로 들어와 확인을 해 보는 것이 아닌가! 그 순간 화장실 욕조 안에 있던 아이들의 맨몸이 노출되었다. 사실상 주거 침입으로 신고를 할 수도 있는 상황이었다.

그때 영화의 클라이맥스에서 괴물에 노출된 남매를 구하기 위해 일부러 소리를 쳐 아이들로부터 괴물을 떼어 놓던 아빠 리의 본성이 남편에게서 보였다. 살면서 남편의 가장 큰 목소리와 미처 정제되지 못한 단어를 들었다. 아랫집 아

당신의 세계는 안녕한가요

저씨는 아이들 탓을 할 수 없자, 눈에 보이는 우리 집의 모든 가구 탓을 하기 시작했다. (가구는 잘못이 없었다. 그저 제자리에 있었을 뿐.) 불현듯 머리를 스친 한마디. 우리가 윗집에 층간 소음을 호소하고 나서 들었던 말을 그대로 전했다. "그렇게 불편한 사람이 이사를 가세요." 들을 땐 환장할 것 같았던 저 한마디가 환상의 문장이 될 줄이야.

그럼에도 예상치 못한 우리의 저항에 아랫집 아저씨는 꽤나 당황한 눈치였다. 그러자 자기의 괴로움을 우리에게 한껏 토로했는데, 들여다보면 우리와는 크게 상관이 없는 것들이었다. 예컨대, 아들이 몇 년째 공부를 하고 있는데 도저히 집에서 공부할 수가 없다거나, 본인은 허리가 아파 일도 못하고 방에 누워 있는데, 소리 때문에 살 수가 없다고 하는 식이었다. 풀리지 않는 그들의 본질적인 문제에 원인을 만들어 어딘가 화풀이할 대상이 필요해 보였다. 신기하게도 그날 이후 아랫집은 흔한 경비실 호출 한 번을 하지 않았다.

영화 〈콰이어트 플레이스〉의 괴물이 애초에 이 지구에 오지 말았어야 할 생명체였듯이 층간 소음은 아파트를 지을 때부터 없었어야 할 문제다. 그저 아랫집에 산다는 이유로 윗집에게 괴물과도 같은 존재가 되어 엘리베이터조차 같이 타고 싶지 않은 이웃이 된다는 건 불행한 일이다. 아파트라는 다양한 인간 군상이 모여 있는 공동의 공간에서 완벽한 '콰이어트 플레이스'를 기대하기란 어려운 일이 아니던가. 그저 서로의 배려와 이해심에 기댈 수밖에.

우리는 아직 이사를 가지는 않았다. 다만 영화 포스터에 적혀 있던 생존 법칙과 크게 다르지 않은 방식으로 살아가는 중이다.

1. 어떤 소리도 내지 말 것
2. 아무 말도 하지 말 것
3. 붉은 등이 켜지면 무조건 도망갈 것

웬만하면 어떤 소리도 만들지 않으면서.

당신의 세계는 안녕한가요

# PART III.

## 소피의 세계

– **개봉** 2002년

– **감독** 테리 즈위고프

– **출연** 도라 버치, 스칼릿 조핸슨, 스티브 부세미

## 10대 시절에 건네는
## 작별 인사

　영화 〈판타스틱 소녀 백서〉의 주인공 이니드(도라 버치)를 처음 본 순간 강력한 동질감을 느꼈다. 아마도 그 캐릭터의 '칼단발' 때문이 아니었을까 싶다. 내가 다니던 중학교의 두발 규정은 머리 길이가 귀밑 3센티미터보다 짧아야 했다. 한번은 내 머리카락이 귀밑으로 꽤 길어진 걸 본 학생 주임이 머리끝을 모아 쥐고 싹둑 잘라 버린 적이 있다. (야만의 시대였다.) 그날 이후 내 머리는 개성이라고는 찾아볼 수 없는 촌스러운 스타일이 됐다.

　사실 헤어스타일 외에도 이니드와 나는 공통점이 많았다. 첫 번째 우리 둘은 세상에 불만 가득한 10대를 보냈다는 점이다. 무난하게 사회에 순응하며 살아가는 지금으로서는 상상하기 어렵지만, 그때 나는 어설픈 외모, 애매한 학교 성적, 나를 몰라주는 가족, 한국에서 태어났다는 사실 등등 나를 둘러싼 모든 게 마음에 안 들었다.

이니드 또한 불만족스러운 것투성이인 열여덟 살 소녀다. 그의 곁에는 레베카(스칼릿 조핸슨)라는 친구가 있는데, 고등학교를 갓 졸업한 두 사람은 둘도 없는 절친한 친구 사이다. 하지만 졸업 이후의 삶을 꾸려 나가는 방식은 완전히 다르다. 레베카가 부모로부터 독립하기 위해 아르바이트를 하며 돈을 모으는 사이, 이니드는 컴퓨터 회사에 일자리를 마련해 주겠다는 아빠의 제안에 코웃음을 친다. 삐딱한 태도 때문에 아르바이트에서 하루 만에 잘리기도 한다. "멍청한 사람들이나 인간관계가 좋지."라는 이니드의 대사는 타인과 세상을 향한 불신 가득한 태도를 보여 준다. 돌이켜보면 유치하기 그지없는 대사지만, 10대 시절의 나는 이니드의 시니컬함에 깊이 공감했던 것 같다.

이처럼 사회 부적응자를 자처하는 이니드에게도 좋아하는 사람이 딱 한 명 있다. 옛날 LP를 수집하는 괴짜 남자 시모어(스티브 부세미)다. 외모나 재력이 뛰어난 것도 아니고 이니드보다 나이도 갑절이나 많지만, 시모어에게는 '취향'이라는 강력한 매력 포인트가 있다. 그의 집에 놀러간 이니드는 희귀한 LP나 미술 작품 등 오랜 시간 공들여 모은 수집품들을 보고 눈이 휘둥그레진다.

취향에 목숨을 건다는 점이 이니드와 나의 두 번째 공통

점이었다. 남들과 다른 나만의 취향은, 특별한 존재가 되고 싶었지만 사실은 평범하기 짝이 없었던 10대 시절 나의 정체성을 구성하는 거의 유일한 요소였다. 그걸 지키기 위해 하루도 빠짐없이 음악을 듣고, 영화를 보고, 책을 읽었다. 같은 반 친구가 MP3 플레이어를 빌려 달라고 하면 "네가 모르는 노래밖에 없어."라고 답했다. 상대방은 입을 삐죽거리며 자리를 떴고, 나는 어깨를 으쓱했다.

또래들로부터 멀어질수록 높은 점수를 받기라도 하는 것처럼, 친구들이 빅뱅의 노래를 들을 때 나는 스웨덴 록 밴드의 음악을 들었고, 〈거침없이 하이킥〉 본방송을 사수하는 대신 유명하지 않은 영국 드라마나 소위 '예술 영화'들을 하나씩 섭렵했다. 고고한 척 혼자 즐기다가도 가끔은 취향을 공유할 사람이 필요해질 때가 있었다. 그럴 때면 인터넷 카페에 접속했다. 얼굴도 나이도 모르지만 대화가 통하는 랜선 너머의 누군가를 만나는 일은 짜릿했다. 그 시절의 나에게도 시모어 같은 사람이 있었다면 빠져들지 않을 수 없었을 것이다.

'남다른 취향'에 기댄 정체성으로 10대 시절을 연명하고 나서 대학에 갔다. 고대하던 오리엔테이션 첫날. 나는 머리가 띵하는 충격을 받았다. 둘째가라면 서러울 만큼 개성 넘치는 취향을 가진 사람이 한둘이 아니었던 것이다. 제목을 외우기 힘든 예술 영화나 스웨덴 록 밴드의 음악은 나만의 전유물이 아니었다. 흥분되고 반가운 마음도 들었지만 그만큼 아쉬움도 컸다. 시시한 사람이 되기 싫어서, 남들과 다르고 싶어서 취향이라는 지푸라기를 꽉 붙들고 살았던 고집이 스르르 녹아 없어지는 순간이었다.

그때부터 다양한 개성을 지닌 사람들을 만나고 여러 가지 일을 하며 20대를 보냈다. 취향으로 스스로를 증명하는 대신, 여러 경험에 부딪히며 나 자신을 천천히 찾아갔다. 고된 아르바이트를 할 때나 또래들과 함께 취업 준비를 할 때는 나라는 존재가 없어지는 기분이 들기도 했지만, 돌이켜 보면 날 성장하게 한 건 그런 순간이었다. '난 다른 사람들과 달라'가 아닌, '다들 이렇게 살아가는구나'라고 느끼는 순간들 말이다. 그런 순간들을 버텨 내어 쌓인 자산은 취향보다 훨씬 견고하게 나를 지켜 주고, 표현해 준다는 것을 깨달았다.

영화 속에서 이니드는 시간이 갈수록 시모어를 제외한 나머지 사람들은 모두 상대할 가치가 없다고 생각한다. 시모어와 예술에 대한 다채로운 대화를 나누는 동안, 아이러니하게도 현실 속 이니드의 세계는 좁아지고 있는 것이다. 친구 레베카마저 등을 돌리자, 이니드는 시모어의 집에 찾아가 이렇게 말한다.

> "같이 차를 타고 떠나서 새로운 곳으로 가서
> 완전히 새로운 인생을 시작해요.
> 다른 사람들은 신경 끄고요. 모든 사람에게 지쳤어요."
>
> _영화 〈판타스틱 소녀 백서〉 중

이 대사 이후에 이니드는 시모어와 하룻밤을 함께한다. 그런데 다음 날 아침 이니드가 느끼는 감정은 충만함이 아닌 허탈함이다. 그토록 동경하던 시모어와 친밀한 시간을 보냈음에도 이니드가 행복해지지 않은 이유는 무엇일까? 여러 이유가 있겠지만, 무엇보다 이니드가 시모어에게 가졌던 환상이 지나치게 컸다는 걸 짐작해 볼 수 있다. 열여섯 살의 내가 나 자신과 타인의 특별함에 집착했던 것처럼 말이다.

특별하다는 건 매력적이지만, 한편으로는 비현실적이기도 하다. 오히려 우리로 하여금 세상에 대해 배우게 하는 건 평범하거나 타인과 공유하는 경험들이다. 우리는 필연적으로 서로에게, 그리고 세상과 연결되어 있기 때문이다. 10대와 20대를 상반된 태도로 대하는 동안 어렴풋이 알게 된 사실이다.

이니드가 사는 동네에는 버스 노선이 끊겨버린 정류장에 매일같이 앉아 있는 노인이 있다. "할아버지, 여기 버스 안 와요."라고 친절하게 알려줘도 노인은 꿋꿋이 그 자리를 지킨다. 그런데 영화가 끝나갈 즈음 이니드는 마침내 그곳에 버스가 오는 장면을 목격한다. 노인은 기다렸다는 듯 버스에 올라타 유유히 떠난다.

이어지는 장면에서는 짐 가방을 싸들고 정류장으로 가는 이니드를 보여 준다. 곧이어 버스가 도착한다. 이니드를 태운 버스는 가로등만이 은은하게 비추는 밤의 도로를 달려간다. 경쾌한 멜로디의 음악이 깔리면서 영화는 끝이 난다.

이니드는 그동안 세상을 '나'와 '타인들'이라는 이분법으로만 인식하곤 했다. 그리고 타인들의 선택과 생각에 대해 무가치하거나 평범하기 짝이 없는 것으로 치부했다. 오지 않는 버스를 기다리는 노인의 행동에 코웃음 치듯이 말이다. 하지만 결말에 이르러 이니드는 목적지를 알 수 없는 버스에 몸을 싣는다. 자신을 가두어 놓았던 작은 알을 깨고 나와 세상으로 나아가는 것이다. 익숙한 노선의 버스가 아니더라도, 기꺼이 몸을 싣고 새로운 세계로 발을 딛는 것이다.

당신의 세계는 안녕한가요

내가 우물 안 개구리에서 벗어났던 대학교 첫날처럼 말이다. 이니드도 결국엔 자신이 특별하지 않다는 사실을 깨달을 것이고, 사회인으로서 성장하고 사람들과 교감하며 자신만의 인생을 책임질 것이다.

〈판타스틱 소녀백서〉는 우리말 제목만큼(원제는 'Ghost World'다.) 통통 튀는 영화이고, 성장과 삶에 대한 날카로운 시각을 제시하는 작품이기도 하다. 온통 '나'뿐인 자아에 이별을 고할 타이밍은 찾아오기 마련이고, 나를 내려놓고 남을 받아들이는 과정을 통해 우리는 세상에 적응한다. 버스를 타고 떠난 이니드가 영화가 끝난 후 어떤 삶을 살게 될지 궁금하다.

– **개봉** 2005년

– **감독** 켄 콰피스

– **출연** 앰버 탬블린, 알렉시스 블레델,
아메리카 페레라, 블레이크 라이블리

청바지 돌려 입기 The Sisterhood of the Traveling Pants

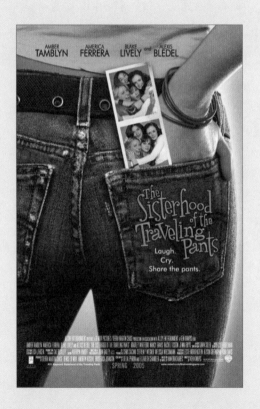

## 교환 일기 같은
## 우정

  우정에 대해 종종 생각한다. 가족처럼 피로 연결되거나 연인처럼 뜨겁게 불타오르지 않는다는 점에서 친구는 '필연'이라는 단어와 가장 어울리지 않는 관계다. 그럼에도 우리는 평생에 걸쳐 마음 맞는 친구를 찾아 나서고 관계를 가꾸어 나간다.

  나에게는 무엇과도 바꿀 수 없는 15년 지기 친구 세 명이 있다. 우리의 첫 만남을 이야기하기 위해서는 처음이자 마지막으로 과외를 받았던 중학교 3학년 때로 거슬러 올라가야 한다.

  고등학교 입학을 앞두고 선행 학습이 유행하던 그때, 나는 친구 K의 소개로 과외라는 걸 받아보기로 결심했다. 그쪽 동네에서 무척이나 유명한 선생님이라고 했다. 교육열이라면 우리 엄마도 자신이 있는 분야였지만 열정만으로 꽤 비싼 과외비를 감당할 수는 없었다. 다행히도 K의 어머니가 과외 선생님과 오랫동안 알고 지낸 사이여서 과외비를 할인받게 되었다. 그뿐 아니라, 그룹 과외로 진행하면 과외비가 더 저렴해진다는 걸 알게 된 나는 초등학교 친구 L과 중학교 친구 K를 꼬드겼다.

과외 선생님의 집에 처음 발을 들인 날, 우리는 입을 다물수 없었다. 그곳은 마치 국립중앙박물관의 미니어처 버전처럼 보였다. 내부가 훤히 들여다보이는 커다란 유리 진열장은 미술 과목 시험지에서 흑백 사진으로만 접하던 도자기들로 빼곡했다. 벽에 걸린 그림들도 심상치 않아 보였다. 이름모를 이탈리아의 섬에서 갓 공수해 온 듯한 유리 공예 작품들도 자태를 빛내고 있었다.

그보다도 우리를 가장 놀라게 한 것은 집 한쪽 구석에 있는 동물의 정체였다. 금붕어도 거북이도 아닌, 털이 부숭부숭하고 시꺼먼 거미 한 마리가 어항 속에서 미동도 없이 웅크리고 있었던 것이다. 책에서만 보았던 타란툴라였다. 순간 과외를 지속해야 할지 심각하게 고민했지만, 어항을 덮고 있는 유리 뚜껑이 생각보다 튼튼해 보여 걱정을 겨우 접을 수 있었다.

우리는 도자기와 타란툴라가 있는 집에서 매주 《수학의 정석》같은 학습지와 문제지 들을 함께 들여다보았다. 안타

깝게도 당시 외웠던 영어 단어나 미적분 공식은 기억에서 거의 사라져 버렸다. 하지만 앞으로 할 이야기들은 10년도 지난 지금까지 영화 장면들처럼 내 기억 속에 선연하게 남아 있다.

미술뿐 아니라 인생에도 조예가 높았던 선생님은 수업 중에도 무성 영화 시대의 변사처럼 재미있고 다채로운 이야기를 시작하곤 하셨다. 부산이 아닌 다른 도시에서 살아 본 경험이 전무하던 열여섯 살의 우리가 그 스토리텔링에 빠져드는 건 순식간이었다. 선생님이 가르치던 다른 학생들은 꿈을 이루기 위해 프랑스나 미국 같은 나라로 유학을 가거나, 손꼽히는 과학고 또는 국제고로 진학했다던가 하는 멋진 서사를 지니고 있었다. 얼굴도 모르는 그들과 과외 선생님을 공유한다는 사실은 내게도 그런 미래가 펼쳐질 수 있으리라는 달콤한 착각을 하게 했다.

수업의 횟수가 쌓여 가는 만큼 우리의 우정도 알게 모르게 두터워져 갔다. 수업이 끝나고 함께 해변을 걷거나 대형 서점의 베스트셀러 코너를 서성거리며 이야기를 나누는 시간들이 쌓여 갔다. 열여섯 살의 나이에 추억할 만한 과거란 그리 많지 않았기에 대부분은 현재와 미래에 대한 이야기들이었다. 마음속에 꽁꽁 숨겨 두었던 고민이나 비밀을 공유

했고, 기대되는 미래에 대해 이야기할 때는 작은 마음들이 한껏 부풀었다.

그때 우연히 만난 영화 〈청바지 돌려 입기〉는 10대의 우정을 근사한 방식으로 정의하고 싶었던 우리의 욕망을 적절히 채워 주는 작품이었다. 줄거리는 이러하다. 여름 방학을 맞은 네 명의 고등학생들은 중고 옷 가게에서 집어든 청바지가 그들의 몸에 하나같이 꼭 맞는다는 것을 알고 깜짝 놀란다. 각각 무척이나 다른 체형을 지녔음에도 불구하고 말이다. 소녀들은 남은 방학 동안 청바지의 마법이 멋진 일들을 가져다줄 것이라고 믿는다. 각자 일주일씩 바지를 번갈아 입으며, 그동안 겪은 일들을 편지로 세세히 공유하기로 약속한다. 이렇게 낡은 청바지 한 벌은 소포 봉투에 담겨 국경을 건너는 여행을 시작하게 되는 것이다.

예상했겠지만 여름 방학 동안 주인공들에게 멋지고 화려한 일들만 벌어지지는 않는다. 오히려 고등학생이 온전히 감당하기에는 벅찰 만큼 어려운 상황들이 반복된다. 아버지가 꾸린 새 가족에게 홀대를 당하거나, 아끼는 친구의 죽음을 겪기도 하고, 엄마의 죽음으로 인해 늪처럼 깊은 우울감에 빠지기도 한다. 이렇게 소녀들이 겪는 크고 작은 비극은 청바지와 함께 동봉된 편지에 실려 서로에게 전해진다. 그리고 청바지의 수호신이 정말 존재하기라도 하는 것처럼, 소녀들은 각자 마주한 삶의 과제를 힘차게 극복해 낸다.

소녀들의 여름 방학이 끝남과 동시에 영화가 막을 내리듯, 나와 친구들의 현실 속 겨울 방학도 막바지에 다다르고 있었다. 방학이 끝나면 더 이상 과외를 지속할 수 없을 것이었다. 야간 자율 학습에, 모의고사에, 학원에⋯. 서로를 만날 시간조차 부족해질 것이 불 보듯 뻔했다. 게다가 우리가 진학할 고등학교는 서로 다른 세 곳이었다. 고등학교에도 분명 새로운 친구들이 기다리고 있겠지만, 우리에게는 위로가되지 않았다. 소중한 우정이 입시 때문에 눈처럼 녹아 사라질 수도 있다는 생각이 들자 아쉬워 견딜 수 없었다.

우정을 지킬 방법을 고민하던 나는 〈청바지 돌려 입기〉에서 영감을 얻어 교환 일기를 쓰자는 제안을 했다. 순서를 돌아가며 각자 하고 싶은 이야기를 쓰고, 다음 사람을 만나 일기장을 넘겨주자는 아이디어였다. 일상과 생각을 공유하는 것은 물론이거니와 일기장 교환을 핑계로 서로를 만날 시간을 낼 수 있다는 점이 마음에 들었다.

동네 문구점에서 신비로운 표지의 노트 한 권을 사서 과

외 선생님의 집으로 간 우리는 선생님과 타란툴라를 증인
으로 세운 채 첫 페이지에 비장한 서명을 남겼다. 겨울 방학
때처럼 매일같이 함께할 수는 없었지만, 일기장이 우리의
우정을 끈끈하게 지켜 줄 것만 같았다. 마치 마법의 청바지
처럼.

그때부터 일기장에는 서로 다른 필체로 쓰인 경험담들이
누적되어 갔다. 고등학교라는 낯선 사회에 각자 발을 내딛
고 적응하는 과정들이 생생하게 담겼다. 우리는 서로의 이
야기를 읽으며 소리 내어 웃기도 하고, 억울한 일을 겪었던
친구에게 감정이 이입되어 뒤늦게 화를 내기도 했다.

그런데 언젠가부터 노트의 행방이 묘연해졌다. 시험 기
간에 도서관에서 마주치면 너나 할 것 없이 서로에게 "교
환 일기 도대체 누가 가지고 있어?"라고 묻곤 했다. 일기장
의 행방을 추적하기보다 깔깔 웃으며 금세 다른 대화 주제
로 넘어가곤 했던 걸 보면, 어느 순간부터 우리에게 더 이
상 교환 일기는 중요하지 않게 되었던 것 같다. 모든 순간
을 함께하지 못해도, 서로가 겪은 좋고 나쁜 일들을 마치
자기 일처럼 공감해 줄 수 있다는 사실을 너무나 잘 알았기
때문일 것이다.

이 글의 시작점에서 쓴 것처럼 우정은 대부분 필연이 아

당신의 세계는 안녕한가요

닌 우연으로부터 시작된다. 〈청바지 돌려 입기〉의 주인공들은 산후 조리원에서 만난 엄마들 덕에 우연히 친구가 되었고, 나와 친구들은 과외비를 할인 받기 위해 우연히 모인 덕에 우정을 싹틔울 수 있었다. 하지만 우연이라는 말이 무색할 만큼, 우리가 15년 동안 다져 온 관계는 이제 무엇과도 바꿀 수 없는 단단한 것이 되었음을 느낀다.

교환 일기장은 우리 중 누군가의 책꽂이 구석에 먼지가 덮인 채 꽂혀 있겠지만, 각자 마음이 쓸쓸한 날이면 어김없이 서로가 있는 단체 메신저 방에 말을 건네곤 한다는 점에서 교환 일기는 현재 진행형이다. 친구들이 내어 주는 어깨에 기대어 일상에서 받은 작거나 큰 상처들을 보듬어 나간다. 그러고 나면 다시금 잘 살아갈 수 있을 것 같은 무한한 용기가 생긴다.


이 글을 쓰기 위해 〈청바지 돌려 입기〉를 다시 보았다. 이제 나는 돌이킬 수 없는 어른이 되었고, 방학이 있는 삶을 살지도 않지만, 15년 전과 마찬가지로 영화 속 주인공들에게 깊은 공감이 느껴진다는 사실이 새삼 놀라웠다.

영화의 엔딩 무렵에 이런 장면이 있다. 엄마의 죽음으로 인한 슬픔과 상실감을 극복하지 못한 브리짓이 이불을 뒤집어쓰고 며칠째 침대에서 나오지 않자, 나머지 친구들이 브리짓의 집을 찾아간다. 맛있는 피자를 시켜 함께 먹으며 브리짓의 엄마에 대해 각자 기억하는 바를 공유하고, 브리짓의 곁에 언제나 친구들이 있을 것임을 상기시켜 준다.

우리의 인생은 각양각색이기에 겪어 내야 하는 비극의 크기와 시기도 각자 다르다. 그렇기 때문에 나에게 찾아온 비극을 겪어 낼 때면 종종 망망대해에 혼자 남겨진 기분이 들기도 한다. 그럼에도 친구의 이야기를 들어주는 순간만큼은 마치 내가 그 일을 겪은 것처럼 최대치의 공감을 발휘하게 된다. 친구와 함께라면 기쁨은 두 배가 되고 슬픔은 절반이 된다.

어쩌면 〈청바지 돌려 입기〉에서 보여 주고자 하는 진짜 마법은 '누구에게나 잘 맞는 청바지'가 아니라 서로의 존재만으로도 충분한 '우정' 그 자체일지도 모르겠다.

영화의 마지막 대사로 글을 마무리 해 본다. "우리에게! 예전의 우리, 현재의 우리, 미래의 우리에게. 바지에게. 그리고 우정을 위해. 이 순간과 남은 삶을 위해. 함께할 때와 헤어져 있을 때를 위해."

당신의 세계는 안녕한가요

소공녀

– **개봉** 2018년
– **감독** 전고운
– **출연** 이솜, 안재홍

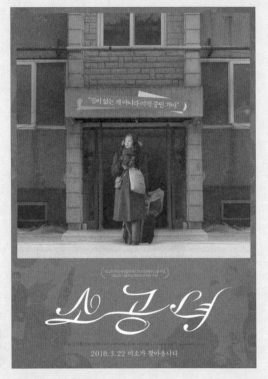

아무 계획도 세우지 않는 삶을 상상해 본 적이 있는가. 인생의 지혜를 알려 주는 여러 격언들은 "현재를 살아라."라고 주문을 걸지만, 여전히 사람들은 미래를 준비하고 걱정하는 일에 다분히 에너지를 쏟는다.

나 또한 마찬가지다. 돌이켜 보면, 지난 인생 대부분의 시간들이 미래를 위한 계획과 대비로 점철되어 있었다. 그러한 계획의 범위는 무려 몇십 년 후까지 뻗어 있기도 했다.

반면, 영화 〈소공녀〉의 주인공 미소(이솜)는 계획을 세우지 않기로 선택하는 인물이다. 그녀에게 유일한 계획이란 최대 하루치의 의식주를 준비하는 것에 불과하다. 가사 도우미로 일하며 버는 일당을 휴대용 금고에 채워 넣지만 밥값과 담뱃값, 술값을 치르고 나면 남는 돈이 거의 없다.

미소를 남들과 구별 짓는 또 한 가지 특징은 집이 없다는 점이다. 미소가 인생에서 가장 중요하게 여기는 세 가지는

'담배, 위스키, 남자 친구 한술'이다. 어느 날 담뱃값이 2,000 원이나 올라서 월세를 내기 빠듯해진 미소는 담배를 택하는 대신 집을 포기한다. 이로써 미소는 공중 화장실에서 머리를 감는 떠돌이 생활을 시작하게 된다.

집은 없지만 생존 능력은 나쁘지 않은 미소가 다음으로 하는 일은 대학생 시절 함께 록 밴드를 하던 친구들을 찾아가 하룻밤만 재워 줄 수 있냐고 묻는 것이다. 누군가는 난감한 표정으로 거절을 하고, 누군가는 따뜻하게 품어 준다. 미소의 시선을 경유해 친구들의 인생을 잠깐씩 비추며 영화는 흘러간다. 차례로 소개되는 친구들의 삶은 "멀리서 보면 희극, 가까이서 보면 비극"이라는 찰리 채플린의 명언에 잘 들어맞는 예시들로 보인다.


미소만큼은 아니지만 '집'에 관해서라면 나도 밤새 이야기할 거리가 있다. 처음 상경했던 스물한 살 이후 서른 살이 되기까지 무려 일곱 번의 이사를 했다. 달리 말해, 여덟 개의 집을 거쳐 갔다는 뜻이다.

시작은 대학교 앞의 좁디좁은 고시원이었다. 당시 두 번째 수능을 본 나는 대학 정시 합격자 발표가 나자마자 부랴부랴 기숙사 신청을 했지만, 입학을 얼마 앞두지 않은 시점에서 기숙사 배정 탈락의 고배를 마셔야 했다. 갑작스럽게 서울에서 살 집을 구해야 하는 상황은 나뿐 아니라 몇십 년째 같은 도시에서만 살아온 부모님에게도 당혹스러운 것이었다.

한번 계약하면 최소 반년은 머물러야 하는 월세나 전셋집과 달리 고시원은 언제라도 방을 뺄 수 있다는 장점이 있었다. 학교 정문 건너편의 한 고시원에 머무르며 찬찬히 제대로 된 집을 찾아 보자는 것으로 부모님과 합의를 보았다. 공용 화장실을 쓰는 인근의 다른 고시원들과 달리 방마다 개인 화장실이 있다는 점이 그나마 다행스러웠다.

그곳에서 시작한 새로운 삶에는 좋은 점도 싫은 점도 있었다. 5평도 안 되는 면적에 주방과 침실이 공존하는 현실은 도무지 적응이 되지 않았지만, 처음으로 나만의 온전한 공간을 가지는 짜릿함은 난생 처음 느껴 보는 것이었다.

이후로 내가 거쳐 온 집들의 목록은 다음과 같다. 첫 번째보다 조금 넓어진 두 번째 고시원, 가택 침입 사건을 겪었던 원룸, 베란다에 시꺼먼 거미가 출몰하던 원룸, 기울어진 천장이 소설 《소공녀》의 다락방을 연상시키던 원룸, 교환 학생으로 갔던 독일 대학교의 기숙사, 한국으로 돌아와 친구와 함께 살았던 투룸, 직장인이 되어 처음으로 내가 월세를 냈던 오피스텔, 현재 거주하고 있는 그럴듯한 전세 오피스텔.

다양한 집을 겪어 온 만큼 시행착오도 많았다. 그중 세 번째 원룸은 학교 후문 어딘가의 건물 1층에 위치해 있었는데, 도어락이 없어서 열쇠로만 현관문을 여닫는 구조였다. 창문 바깥쪽으로는 방범용 쇠창살이 둘러져 있었다. 그 집에서 한두 달 쯤 지내던 무렵, 친구들과 술을 마시고 밤 11시 즈음 귀가했다. 세수를 하고 기초 화장품을 바르는데 냄새가 이상했다. 아침에도 썼던 화장품이 한나절 사이에 변질되었을 리는 없었다. 병 속 액체의 색깔이 노란 걸 알아챈 나는 본능적으로 냉장고를 열어 생수병을 꺼내 보았다. 생수병, 간장, 기초 화장품. 일상적으로 먹고 바르는 것들이 누군가의 소변으로 대체되어 있었다. 눈앞이 하얘졌다.

소식을 들은 엄마는 가장 빠른 기차를 타고 서울로 올라왔다. 놀란 마음을 겨우 진정시킨 나와 엄마는 범인 찾기에 골몰했지만, 경찰은 노란 액체가 담긴 병들만으로 수사를 진전시키기엔 무리가 있다며 난색을 표했다. 집주인 할머니는 계약 기간인 1년을 채우기 전에는 보증금을 돌려줄 수 없다는 입장을 강경하게 내비치며 도리어 나에게 소리를 질렀다. 보증금 300만 원은 큰돈이었지만 더 무시무시한 범죄의 피해자가 될 수도 있는 가능성을 떠안고 살 만큼은 아니었다. 결국 그 돈을 날렸다. 평생 잊지 못할 변태적인 사건을 겪은 이래, 나는 집을 구할 때 1층이거나 도어락이 없는 곳은 쳐다보지도 않게 되었다.

그 사건으로부터 8년 남짓한 시간이 지났다. 나의 거주지 히스토리를 익히 알고 있는 친구는 얼마 전 내가 살고 있는 오피스텔을 방문하고는 "이제 진짜로 서울 사는 직장인 집 같아!"라며 감탄을 남발했다. 엄청난 출세라도 한 것 같은 으쓱한 기분이 들었다. 물론 이곳 역시 용도에 따른 공간의 구분 따위는 기대할 수 없는 원룸에 불과하고, 전세 보증금의 아주 작은 일부를 제외하고는 은행에 빚을 져야 했다는 점에서 내가 정말로 출세나 발전 같은 걸 이룬 것인지는 의문의 여지가 있었다. 하지만 어쨌거나 '그럴듯한' 집을 구했다는 뿌듯함에 지나온 집들을 하나씩 떠올려보지 않을 수 없었다.

하루 빨리 떠나고 싶은 마음이 들지 않는 공간에서 살게 되기까지 꼬박 9년이 걸렸다는 건, 서울에 적(籍)을 두지 않은 사람에게 '집'이란 무척이나 아득하고 어려운 과제라는 사실을 내포한다. 이를 떠올리면, 가족도 없고 번듯한 직업도 없는 탓에 보증금 500만 원을 감당하지 못하는 미소가 집을 포기해야만 했던 선택도 이해할 수 있게 된다.

영화 속에서 미소가 마지막으로 머무른 집은, 부자 남편과 결혼해 물질적인 풍요로움을 누리고 있는 친구 정미의 신혼집이다. 그곳에서 먹고 잘 수 있게 해 준 친구의 아량에 보답하기 위해 미소는 넓은 집 구석구석을 정성스레 쓸고 닦는다. 정미의 대사로 미루어볼 때 미소는 대학생 시절 다단계에 빠져 빚을 졌던 정미를 구해 준 바가 있다. 이쯤 되면 영화는 세월이 지나고 만난 오랜 친구들이 각자 줄 수 있는 것(정미는 집, 미소는 청소)을 교환하는 모습을 통해 드디어 미소에게 머무를 곳을 마련해 주려는 것처럼 보이기도 한다.

하지만 그건 아주 잠깐 동안이다. 두 사람의 우정-또는 거래-은 한 계절도 채 넘기지 못한다. 약간의 경멸이 섞인 눈빛으로 정미는 자신의 솔직한 심정을 전달한다. 더 이상 대학생도 아닌데 담배나 술 같은 것들을 포기하지 못해 도리어 집을 포기하는 너의 선택이 도무지 이해되지 않는다고. 그렇게 말하며 그녀는 100만 원짜리 수표를 건넨다. 그러나 미소는 그 손길을 거절한다.

이 장면을 보면서 나는 타인에게 요청 받지 않은 동정이나 연민의 시선을 보낸 적이 있는지 돌아보았다. 미소라는 인물이 지닌 올곧은 신념과 사랑하는 것들을 대할 때의 완벽하게 충만한 표정을 엿볼 기회를 얻지 못했더라면 나 또한 내 주변의 미소에게 같은 시선을 보냈을 것이 틀림없었다. 복작복작한 도시에서의 삶에서 우리 모두가 원하는 건 대체로 겹쳐지기 마련이니까. "미소야, 넌 어떻게 집을 욕망하지 않을 수가 있어? 이 좋은 걸 말이야."라며 선을 넘는 내 자신의 모습을 상상하기란 쉬웠다.

사실을 말하자면, 내가 욕망을 강요하는 대상은 스크린 속이 아닌 나의 측근에도 존재했다. 다분히 히피 기질을 타고나서 비누 하나로 모든 청결을 해결하고 구두 하나를 10년 동안 신는 아빠. 모은 돈을 계좌에만 차곡차곡 쌓아 두고 커피 한 잔에 쓰는 돈도 아까워하는 엄마. 무소유를 지향하며 옷 한두 벌로 겨울을 나는 동생. 그들을 바라볼 때면 끊임없이 더 나은 것과 더 많은 것을 욕망하는 내가 돌연변이처럼 느껴졌다. 나를 제외한 가족들이 추구하는 삶의 방식을 이해하기까지는 한참이 걸렸다.

그런데 〈소공녀〉는 내가 스스로에게 던졌다가 금방 흘려보내곤 하던 한 가지 질문을 정면 돌파하도록 했다. 집과 직업 같은 것들로 대변되는 삶의 어느 단면이 계획과 야망에 맞추어 진행되는 동안, 내가 느끼는 행복의 양은 증가했을까, 감소했을까? 혹은 그 사이에 아무런 인과 관계가 없는 것일까?

1년에 몇 번씩 고향을 방문하고 서울로 복귀하는 기차 안에서 어김없이 안도감과 공허함을 동시에 느끼는 건 바로 그 이유 때문인지도 몰랐다. 어느 것도 완전히 내 것이라고 말할 수 없는 서울. 이곳에서의 삶을 지탱하기 위해 만들어 내는 간절한 계획들과 고군분투의 시간들은 아찔하도록 끝이 없어 보이곤 한다.

누군가에게는 미소라는 인물이 터무니없는 판타지처럼 비추어질 수 있을 것이다. 자본주의 사회에서 돈도 집도 없는 사람이 스스로 행복하다고 말하는 모습은 정말이지 현실감이 없기 때문이다. 하지만 미소를 제외한 영화 속 모든 인물들의 지리멸렬한 일상은 기시감이 들 만큼 지극히 현실적이다. 어쩌면 이러한 대비 자체가 영화의 메시지인 것은 아닐까 생각해 본다. 영화 밖의 우리는 과연 어디쯤 와 있는 것일까.

〈소공녀〉는 답하기 어려운 여러 질문들을 남기고 있지만 작고 확실한 희망을 전달하는 영화이기도 하다. 미소에게서 발견되는 희귀한 미덕은 자신의 욕망과 타인의 욕망을 정확하게 구분하는 현명함이다. 이러한 태도만 갖출 수 있다면 완주 지점이 없는 마라톤처럼 아득하게 느껴지는 도시에서의 삶도 견뎌 낼 수 있지 않을까 생각해 본다.

영화가 개봉했을 당시 독립 영화로서는 적지 않은 관객 수인 6만 명이 극장을 찾고 수많은 사람들이 위로를 받은 것 또한 비슷한 이유일 것이다. 미소처럼 살 수는 없더라도, 손에 쥔 것들이 한없이 부족하게만 느껴지는 날에는 위스키 잔을 앞에 두고 흩날리는 눈을 바라보는 미소의 표정을 떠올려 보기로 한다.

– **개봉** 2020년

– **감독** 김초희

– **출연** 강말금, 윤여정, 김영민, 윤승아, 배유람

"왜~ 그리 일만 하고 살았을꼬~"

〈찬실이는 복도 많지〉의 찬실이 깊은 한숨과 함께 이 대사를 내뱉는 순간 흠칫했다. 일에 진심을 다하는 친구들의 얼굴이 빠르게 스쳐 지나갔기 때문이다. 그중에는 나의 얼굴도 포함되어 있었다.

'일과 관계 맺기'란 마감 기한이 없는 과제 같은 것이다. 일은 언제나 지나치게 많아서 일상을 잠식하거나, 너무 고갈되어서 나를 말라비틀어지게 하거나, 두 가지 극단만을 시계추처럼 오갈 뿐이니까. 나와 일 사이의 거리를 적당하게 유지하려는 시도는 번번이 실패하고 만다.

여러 아르바이트와 인턴으로 노동을 경험하다가 20대의 어느 시점에 정직원이 되었다. 영화를 수입하고 배급하는 작은 회사였다. 영화업계는 재미있는 세계였다. 여러 수식어를 붙일 수 있지만 '재미있다'는 표현이 아무래도 제일 적

합했다. 영화를 중심으로 온갖 개성 넘치는 사람들이 불나 방처럼 모여든 곳이었다. 영화가 여름 캠핑장 한가운데의 환한 등불이라도 되는 것 같았다.

그곳의 공기를 유독 팽팽하게 만드는 건 열정이었다. '워라밸', '파이어족' 같은 신조어가 유행하는 시대에 '열정'은 구시대적으로 느껴질 법한 단어이지만, 정말로 그랬다. 모두가 일과 영화를 향한 열정을 불태우고 있었다. 그들이 신기하게 느껴지는 것도 잠시. 나도 어느새 야근과 주말 근무를 밥 먹듯이 하고, 자나 깨나 영화와 일만 생각하고 있었다. 좋아하는 일을 찾아서 왔지만 행복하지 않다고 느끼는 순간도 많았다.

그렇게 영화 일을 3년쯤 해오던 차에 〈찬실이는 복도 많지〉를 봤다. 찬실은 존경하는 영화감독의 곁에서 PD로 오랫동안 일하다가, 감독이 심장마비로 죽고 나서야 비로소 자기 자신의 삶을 응시하기 시작한다. 찬실의 신체 나이는 마흔 살이지만, 표정만은 마치 새로 태어난 아이처럼 보인다. 그것은 "일에 세월을 빚졌다."고 말하면서도 후회나 고통 같은 건 느껴지지 않는 묘한 표정이다.

당신의 세계는 안녕한가요

좋아하는 일을 한다는 건 최고의 순간과 최악의 순간이 5대5로 들어 있는 선물 뽑기 세트를 매일 열어 보는 것과 비슷하다. 잘 이해가 가지 않는다면 짝사랑을 떠올려 보면 된다. 누군가를 좋아할 때 느끼는 고통은 좋음의 크기와 정비례하지 않던가. 진심으로 대하는 만큼 다치거나 상처받을 가능성이 큰 것은 일 또한 마찬가지였다. 그런 실망감이 반복되어 결국 포기하거나 냉소적으로 변하는 사람들도 종종 보았다.

일에 쓰는 마음과 에너지를 든든하게 보상받는 경우가 드물다는 점에서, 꿈을 좇는 사람들은 일을 짝사랑하는 셈이다. '꿈과 희망'이란 건 단어로만 존재할 때 가장 완전하고, 현실에서의 꿈이란 '노동'이라는 건조한 개념으로 대체되기 마련이니까. 그리고 노동은 우리를 자주 지치게 만든다.

영화 일을 시작한 지 몇 년 만에 이 모든 걸 느껴 버렸으니 "왜~ 그리 일만 하고 살았을꼬~"라는 찬실의 한탄이 심상치 않게 들렸던 것이다. 하지만 찬실의 한마디에 깊은 영향을 받은 건, 내가 그와 비슷한 일을 하기 때문만은 아닐 거라 생각했다. 무엇이든 좋아하는 대상에 가까이 닿고자 노력해 본 경험이 있다면 이 영화에 공감할 수 있으리라.

찬실이 던지는 대사들 중엔 누구나 한 번쯤 깊이 되뇌어 보았을 문장들이 많다. 그런 대사를 들으면, 쿡쿡 웃다가도 허를 찔린 듯 자세를 고쳐 앉게 된다. 찬실이 장국영(김민영)과 대화하는 장면에서도 그런 대사가 등장한다. 정확히 말하면, 장국영을 어설프게 닮은 남자다. 그는 유일하게 찬실의 눈에만 보이는 귀신같은 존재다. 정체는 다소 의심스럽지만, 장국영은 찬실에게 쉽사리 넘길 수 없을 중요한 질문들을 던진다.

찬실     제가 다시 영화 할 수 있을 것 같아요?

국영     지금 그 문제가 아닌 것 같은데….

찬실     그럼 뭐가 문제예요?

국영     자기가 정말 원하는 게 뭔지 모르는 게 문제죠.

       (…)

찬실     진짜 나 자신에 대해서 깊이깊이 생각을 좀 해봐야겠어요.

"진짜 나 자신에 대해서 깊이깊이 생각해 보겠다."라니. 다른 영화였다면 이처럼 직접적이고 철학적인 대사가 어색하게 느껴졌을 법도 하지만, 〈찬실이는 복도 많지〉는 그런 순간에도 경쾌하고 능청스러웠다. 영화의 이러한 태도는 스스로를 가여워하는 동시에 희망을 놓지 않는 찬실의 꿋꿋함을 그대로 보여 주기도 해서, 우리는 주인공을 가만히 응원하게 된다.

관객이 결국 "찬실 파이팅!"을 외치게 되리라고 짐작한 것처럼, 영화는 주인공의 자조를 자조로만 끝나게 두지 않는다. 중반부까지 찬실이 잃은 것들을 보여 주던 영화는 후반부로 가면서 찬실에게 '남은 것들'에 집중하기 시작한다.

일만 하고 살아온 찬실에게 남은 것들은 무엇일까. 우선 사람들이 있다. 그에겐 "너는 얼마든지 대체 가능한 인력"이라고 말하는 얄미운 사람도 있지만, 그의 업무적인 능력 따위에 개의치 않는 사람들이 더 많다. 찬실을 여전히 소중히 여기는 배우 소피(윤승아)와 스태프들은 찬실의 든든한 지지자다. 그리고 찬실이 사는 셋방의 주인 할머니(윤여정)는 PD라는 일을 했었다고 자신을 소개하는 찬실에게 이렇게 말한다.

**할머니**     그게 뭐허는 건데?

**찬실**     예? 아… 저도 이제 잘 모르겠어요.

**할머니**     얼마나 이상한 일을 했으면 헌 사람도 몰라. 됐어. 내가 다 알아들은 걸로 칠게.

찬실이 반도체 연구를 했다든가 정원사로 일했다고 하더라도 할머니의 반응은 비슷했을 것이다. 자신의 존재를 쓸모나 직책으로 바라보지 않는 어른 앞에서 찬실은 어쩐지해방된 것처럼 보인다.

그뿐 아니라, '좋아하는 일을 죽도록 해 본 경험'은 찬실이스스로 쌓아온 복이다. 경험이란 우리의 현재뿐 아니라 미래까지 지탱해 주는 기반이 되어 주곤 한다. 일이 아니었다면 찬실이 평생 동안 자신의 욕망을 들여다볼 기회가 있었을까. 숨이 턱에 차오를 때까지 뛰어본 자만이 다다를 수 있는 경지는 분명히 존재한다.

그리고 무엇보다 중요하게도 찬실에게는 자기 자신이 있다. 장국영이 건네는 말들은 찬실이 스스로에게 거는 주문처럼 들린다. "찬실 씨가 정말 원하는 게 뭔지 알아야 행복해져요. 당신 멋있는 사람이에요. 그러니까 조금만 더 힘을 내 봐요. 알았죠?" 이 주문에 홀리기라도 한 듯, 찬실은 마침내 자신의 영화를 만들기로 결심한다. 그것은 '진짜 나 자신'에 조금 더 가까워지기 위해 찬실이 고안해 낸 방법일 것이다.

찬실이 시나리오를 쓰다 잠든 밤, 친구들이 그의 집을 찾

당신의 세계는 안녕한가요

아온다. 모여서 영화를 보기로 했던 찬실과 친구들은 방의 전구가 나간 걸 발견한다. 전구를 사기 위해 밤길을 나서는 그들 위를 달빛이 은은하게 비춘다. 무엇이든 시작할 수 있을 것 같은 찬실의 들뜬 얼굴이 클로즈업된다.

'소중한 사람들, 영화, 자신이 진정으로 하고 싶던 일.' 이 모든 것을 갖춘 찬실은 누구보다 복이 넘치는 사람처럼 보였다. 나는 영화의 크레딧이 마지막까지 올라간 이후에 극장을 나섰다. 스크린 밖에서 계속될 찬실의 두 번째 삶과, 한동안은 일복이 넘칠 나의 삶에 씩씩한 응원을 보내고 싶어졌다.

베를린 천사의 시  Der Himmel Über Berlin

- **개봉** 1987년
- **감독** 빔 벤더스
- **출연** 브루노 간츠, 솔베이그 도마르틴, 오토 샌더

"젊은 친구, 지구에 온 것을 환영하네.

여름엔 덥고 겨울엔 추운 곳이라네.

둥글고 축축하고 북적대는 곳이라네.

자네 이곳에서 고작해야 백 년이나 살까."

이랑의 '좋은 소식, 나쁜 소식'이라는 노래는 이렇게 시작한다. 2007년에 작고한 미국 작가의 소설《나라 없는 사람》에서 인용된 구절이다. 이상하게도 이 가사는 한번 들은 이후로 잊을 수 없었다. 혼란스러운 뉴스 사회면을 보거나, 개인적으로 감당하기 힘든 일들을 겪을 때면 머릿속에 맴돌았다.

어른이 되어 갈수록 삶에는 행복보다 고통의 양이 많거나, 최소한 비슷하다는 생각이 든다. 물론 세상을 바라보는 시각의 차이일 수도 있다. 사소한 것에도 감사하는 사람과 모든 걸 삐딱하게 대하는 사람 간의 차이는 어마어마할 테 니까.

하지만 열심히 '행복 회로'를 돌려 보아도 극복되지 않는 일들이 존재한다. 지구 반대편에서 태연하게 벌어지고 있는 전쟁이나 학살, 테러 같은 것들, 자연재해, 하루가 멀다 하고 심각해지는 기후 위기…. 이처럼 전 지구적 차원에서의 비 극이 아니더라도, 나의 힘으로 어찌할 수 없는 고민거리와 크고 작은 불행들은 삶의 모퉁이마다 숨을 죽이고 기다리고 있다.

나와 가까운 사람인 A가 삶의 허무 속에서 허덕이고 있는 모습을 보았을 때 마음이 '쿵'했던 건, 나 또한 마음속 어딘 가 자그마한 비관론의 씨앗을 품고 있었기 때문일지도 몰랐 다. 소주잔을 앞에 두고 그는 대단하게 성공하거나 천재가 아닌 스스로의 인생을 하찮게 묘사하곤 했다. 어차피 잠깐 머물렀다 갈 평범한 인생인데 열심히 살아야 할 이유를 모 르겠다는 말에, "그래도 감사하며 행복하게 살아야지."라며 긍정 바이러스를 주입해 보고자 노력했지만, 이렇다 할 근 거가 없는 나의 말은 A의 깊은 우울을 희석시키기에는 역부 족이었다. 친구들에게 몸이 두 개인 것 같다는 말을 들을 만 큼 바쁘게 살고, 작은 것에도 낄낄대는 나였음에도, 거대한 우주 속 티끌에 불과한 인간의 삶이 어떤 의미를 지니고 있는가에 대한 대답을 찾기는 어려웠다.

그러다가 우연히 만난 영화 한 편에서 힌트를 얻었다. 〈베를린 천사의 시〉라는 제목의 작품인데, 〈파리 텍사스〉, 〈부에나 비스타 소셜 클럽〉 같은 명작들을 만든 빔 벤더스 감독의 1987년작이다. 영화는 한 남자가 종이에 시를 써내려가며 그것을 낭독하는 장면으로 시작한다. 시를 읊고 있는 이는 우리 같은 인간이 아닌 '천사' 다미엘(브루노 간츠)이다.

우리가 쉽게 떠올리는 천사의 외양은 중세 종교화에서 보는 것처럼 뽀얀 피부에 금발 곱슬머리를 하고 날개를 단 모습이지만, 빔 벤더스 감독은 이 영화에서 천사를 인간과 다를 바 없는 모습으로 나타냈다. 외모가 비슷하지만 물론 천사들에게는 인간과 다른 점들이 있다. 천사는 태초부터 세상에 존재해 인류의 역사를 목격해 왔고, 영원한 존재이기 때문에 시간이라는 개념조차 알지 못하며, 당연히 죽음을 겪지 않는다. 또 인간들은 천사를 볼 수 없지만, 어린아이들 눈에는 보인다.

그리고 그들은 인간의 생각을 자유롭게 들을 수 있어서, 영화를 보는 우리는 다미엘과 동료 천사 카시엘(오토 샌더)의 시선을 빌려 1980년대 베를린에 사는 사람들의 머릿속을 들여다볼 수 있다. 사람들의 머릿속은 시끄럽다. 직업과 생계에 대한 고민, 사랑하거나 미워하는 사람들에 대한 생각, 자식이나 부모에 대한 걱정…. 시내를 돌아다니며 사람들을 관찰하고, 다음 날 아침에 만나서 각자 본 것들을 서로 이야기하는 게 천사의 주 일과다. 완전무결한 존재인 천사에게는 인간들이 느끼는 소소한 감정이나 허무 같은 것들이 신기하게 느껴지는 듯 보였다.

그러던 어느 날 다미엘은 인간 삶에 대한 동경을 드러낸다. "영원한 시간 속을 떠다니느니 나의 중요함을 느끼고 싶어. …지금, 바로 지금. 더 이상 '영원'이란 말은 싫어." 처음에는 잘 이해가 안 됐다. 고통과 걱정거리가 전혀 없고, 죽지 않는 존재인 천사가 인간을 부러워한다니. 기만처럼 느껴지기도 했다. 이 영화를 처음 만난 대학생 시절의 나는 간접적으로 겪은 죽음들을 통해 인간의 삶이 얼마나 짧고 허무한지 알고 있었다. 하지만 앞의 노래 가사처럼, 우주의 영원한 시간 속에서 작은 점에 불과할 인생을 어떻게 꾸려 나가야 할지 종잡지 못하고 있었다.

인간을 동경하면서도 다미엘은 쉽게 인간이 되기를 택하지 못한다. 여전히 사람들의 희로애락을 관찰하고, 가끔 자신을 알아보는 아이를 보면 싱긋 웃어 줄 뿐이다. 그러던 다미엘에게, 인간이 되겠다는 생각을 실행으로 옮기게 하는 계기가 찾아온다. 바로 서커스단에서 공중 곡예를 하는 무용수 마리온(솔베이그 도마르틴)이다. 다미엘은 마리온이 펼치는 아름다운 춤사위, 공연이 끝난 후 홀로 집에서 사색하는 마리온의 속마음을 들여다보며 처음으로 사랑이라는 감정을 느낀다.

하지만 다미엘의 사랑은 반쪽짜리일 뿐이다. 사랑하는 사람에게 자신의 존재를 드러내거나 만질 수조차 없기 때문이다. 이를 안타까워한 그는 마침내 인간이 되리라 결심한다. 영원한 관찰자가 되기보다, 언젠가 죽을지라도 잠깐이나마 온전히 사랑을 경험하는 쪽을 택한 것이다. 원래 흑백이었던 영화의 화면은 다미엘이 인간 세상으로 내려온 순간부터 알록달록한 색깔을 얻는다.

인간이 된 다미엘은 더 이상 하늘을 자유롭게 날거나 사람들의 생각을 들을 수 없지만, 땅에 두 발을 단단히 딛고 서는 감각을 통해 살아 있다는 기분을 느낀다. 입김이 폴폴 날만큼 추운 겨울날, 길거리에서 뜨거운 커피 한 잔을 사서 마시는 다미엘의 표정에는 환희가 번졌다.

그의 모습을 보는데 어쩐지 낯설지가 않았다. 곰곰이 생각해 보니 이유를 알 것 같았다. 나는 천사였던 적이 없지만, 아이였던 적은 있었던 것이다. 손끝과 발끝, 혀로 느껴지는 감각에 집중하는 다미엘의 순수한 모습은, 내 어린 시절의 감각들을 떠올리게 했다. 빔 벤더스 감독이 그려낸 세계에서 천사가 아이들한테만 보이게 설정된 이유를 알 것 같았다.

유년 시절의 기억이 많이 희미해졌지만 그래도 영화 장면들처럼 남아 있는 순간들이 있다. 사람마다 다르겠지만 나의 경우 하굣길에 보도블록을 쳐다보며 길을 걷는 시간이 참 좋았다. 지금 생각해 보면 별것 아닌 돌덩어리일 뿐인데, 올록볼록한 모양과 서로 다른 색깔의 블록들이 테트리스처럼 서로 몸을 꼭 맞대고 있는 모습이 참 신기해서 아무리 쳐다봐도 질리지 않았다. 사실 보도블록은 상징적인 얘기일 뿐, 한 자릿수 나이였을 때 바라본 이 세상은 느끼고 음미할 것들로 가득 차 있었다. 초등학교에 입학해 처음 친해진 친구의 자그마한 손을 꼭 잡고 우리 집에 데리고 가던 기억, 놀이터에서 손톱 밑이 시꺼메질 때까지 차갑고 축축한 흙을 만져 대던 기억, 엄마가 틀어 둔 라디오에서 흘러나오는 클래식 곡의 멜로디를 비슷하게 외워서 피아노로 연주하던 기억은 모두 생생한 감각을 동반하는 것들이었다.

어른이 되고 나서도 감각은 당연히 존재했지만 어릴 때

당신의 세계는 안녕한가요

느끼고 누렸던 것들만큼 강렬하지는 않았다. 대한민국의 평범한 5년 차 회사원. 일상에서 깊게 감각을 느끼기보다는 의무감에 해내는 과제들이 훨씬 많아진 지 오래다. 보도블록은 고사하고, 하늘이 얼마나 푸른지조차 모르고 지나가는 하루들. 아침 일찍 일어나 출근하고, 쏟아지는 업무를 처리하고, 내 자신이 없어졌다고 느낄 때쯤 퇴근 시간이 찾아와 지친 어깨를 하고 귀가하는 일상. 크게 나쁘지는 않지만, 특별하지도 않은 시간의 흐름. 이런 어른의 삶에서 하루에 진정으로 음미하는 감각의 개수는 갈수록 줄어듦을 느낀다. 위장에 좋지 않다는 걸 알면서도 모닝커피를 고집하는 건, 그만큼 쓰고 뜨거운 감각을 통해서만 매일 살아 있다는 걸 느낄 수 있기 때문인지도 모른다.

이렇게 삶이 흘러가기만 한다면 종착점은 어딜까, 하는 허무감이 고개를 들기 시작했을 때 〈베를린 천사의 시〉를 다시 떠올렸다. 영원을 포기하고 인간이 되어 희로애락을 온몸으로 느끼리라 결심한 다미엘처럼 나도 세상을 느끼는 일을 멈추고 싶지 않았다. 영화를 계속 보는 이유도 그런 맥락에서 벗어나지 않았다. 눈과 귀의 감각을 동시에 만족시키는 영화는 가장 빠르고도 쉬운 자극제였다. 익숙한 지구를 새롭게 바라보고자 여행을 떠나는 일도 마찬가지였다.

커피, 영화, 여행…. 인간을 살아 있게끔 느끼게 해 주는 것들은 이외에도 더 많겠지만, 최고봉은 여전히 사랑이다. 사랑에 자주 실패하면서도, 아니 어쩌면 실패만 하면서도 그 비효율적인 세계로 뛰어드는 건 사랑이 '오감 집합체'여서가 아닐까 생각한다. 이 사랑 예찬론이 나만의 논리가 아니라는 든든한 근거도 있다. 몇 년 간 나의 어떠한 설득으로도 발견되지 않던 A의 '살아갈 동기'는 사랑을 통해 드디어 발견되었다. 우연한 사고처럼 사랑할 수 있는 누군가를 만난 이후, A는 아주 오랜만에 소소한 일상에서 기쁨을 느끼고, 미래에 대한 계획도 세워 보는 듯했다. 어쩌면 사랑은 유한한 인간의 삶을 구원하기 위해 신이 선물한 것일지도 모르겠다고 생각했다.

둥글고 북적대는 지구에서 100년 남짓한 시간을 살다 가겠지만, 우리에게는 천사도 부러워할 만한 '순간'들이 남아 있다. 끝이 있음을 알기에 감사하고 소중하게 생각할 수 있는 순간들. 다미엘이 애타게 욕망했던 건 바로 그런 순간들일 것이다. 연인이던 가족이던 반려동물이던, 사랑하는 대상을 보고 듣고 만질 수 있다는 것. 그런 순간들은 아마도 영원보다 길다.

당신의 세계는 안녕한가요

# PART IV.

## 왈라비의 세계

<br>

인셉션 Inception

**개봉** 2010년

**감독** 크리스토퍼 놀란

**출연** 리어나도 디캐프리오, 조셉 고든 레빗,
마리옹 꼬띠아르, 킬리언 머피

나의
바람개비

　일자로 길게 늘어선 책상. 저 앞에 칠판에는 이런저런 공지 사항과 시간이 적혀 있다. 굳어 있는 사람들의 표정을 보고는 어떤 상황인지 깨닫는다. 오늘은 시험날이다. 언제, 어떻게 이 자리에 앉게 되었는지는 기억이 나질 않는다. 내가 학생이었나? 머리를 쥐어짜 보지만 도저히 모르겠다. 어리벙벙한 사이에 시험지가 배부되고, 앞자리에서 익숙한 회색 갱지의 시험지가 넘어온다. 엉겁결에 종이를 받아 든 나는 곧 엄청난 당혹감에 빠졌다. 시험공부를 전혀 하지 못했다는 걸 그때서야 깨닫는다. 살면서 공부를 한 번도 하지 않고 시험에 임한 적은 없었는데, 뭔가 이상하다. 정신 차리라고 스스로를 다그쳐 보지만 달라진 건 없다. 흰 건 종이요 검은 건 글씨. 시간은 속절없이 흘러가고 이제 5분이 남았는데, 답안지 작성은커녕 문제의 절반도 풀지 못했다. 심장이 마구 날뛰기 시작하며 인생이 끝난 느낌. 안절부절 못하는 나를 놀리기라고 하는 듯이 종료를 알리는 종이 울리는 순간, 나는 식은땀을 흘리며 잠에서 깬다. "꿈이었구나."

안도감. 꿈이라고 자각한 순간 내 심정을 설명하는, 이보다 적확한 단어가 또 있을까. 나는 아직도 이런 악몽을 종종 꾼다. 중간고사가 끝나면 기말고사가 다가오듯이, 언제는 과목을 잘못 알고 공부하거나, 언제는 아예 공부를 안 한다 정도의 차이가 있을 뿐 주기적이고 비슷한 패턴으로 나를 괴롭힌다. '30대 중반을 앞둔 지금도 나는 아직 고등학생 시절의 시험 압박에 시달리고 있구나.' 여전히 잠에 취한 상황에서도 쓴웃음이 나온다.

영화 〈인셉션〉은 수장의 갑작스런 죽음으로 회사를 물려받기 위해 급히 아버지에게 향하는 아들 '피셔'의 잠재의식을 조작해 그룹을 해체하고자 하는 팀의 이야기가 주된 줄거리다. 주인공은 리어나도 디캐프리오가 연기한 '코브'. 그는 아내와 함께 꿈의 극단인 림보까지 갔다가 현실로 돌아오지만, 꿈에서 보낸 시간이 너무 길었던 나머지 현실과 꿈의 경계를 잃어버린 아내의 자살을 목도하고 만다. 그런 아내가 자신의 무의식을 지배하면서 겪는 위기와 그에 대처하는 코브의 이야기가 극을 이끈다.

하지만 나는 다른 인물, 극 중 아버지의 회사를 물려받는 로버트 피셔의 이야기에 더 깊게 끌렸다. 엄밀히 피셔는 이 영화의 중심인물이 아니다. 그 탓에 그와 아버지의 서사 역시 충분히 친절하게 제시되지도 않는다. 모든 것은 영화를 통해 유추될 뿐이지만, 그가 어떤 삶을 살았는지 알 수 있을 것만 같았다. 나와 비슷하다는 생각 때문이었을까.

피셔는 어머니의 죽음 이후 아버지와 사이가 좋지 않았다고 말한다. 동시에 그는 아버지의 인정을 받지 못하는 아들이었던 듯하다. 기업을 일으킨 아버지의 거대한 성취를 이어받기엔 역부족인 자신에게 낙담하기도 한다. 하지만 호시탐탐 경영권을 넘보는 대부 브라우닝과의 경영권 다툼에 지쳐 있는 와중에도, 그는 어릴 적 만든 바람개비를 들고 아버지와 찍은 사진을 품에 소중히 간직하는 사람이다.


돌이켜 보면 내 시험에 대한 압박과 꿈도 아버지로부터 비롯되었다. 아버지는 연구원이셨다. 가난한 시골 동네가 배출한 유일한 대졸자. 거기에 아무나 쉽게 들어가지 못한다는 연구원 입사까지, 대학 나오면 최고인 줄 알던 그 시절 할아버지마저 일찍 돌아가신 집안에서 아버지는 등대 같은 존재가 됐다. 아버지는 내게 호롱불을 벗 삼아 찬물 대야에 발을 담가가며 잠을 깨고 공부를 했다는 전설과도 같은 이야기를 틈날 때마다 들려주곤 하셨다. 중학생이었던 나는 공부를 곧잘 하는 편이었다. 간간이 전교 석차를 앞에서부터 세는 게 빠른 아이였다 보니 부모님의 기대가 컸다. 그 덕분인지 여느 부모처럼 아버지는 자신의 성공 방식을 나에게도 대입하려 하셨다. 나는 그게 싫었지만 뾰족한 다른 수가 있는 것도 아니었기에 공부를 하는 것을 선택했다.

중학교 2학년 되던 해, 아버지는 암 선고를 받았다. 언젠가부터 등이 아프다 하셨고 잠을 이루지 못하시는 날이 많아진 후였다. 사형수도 아니고, 암 환자에게 내리는 '선고'라는 단어는 이 병의 무게가 얼마나 큰 것인지를 보여 줬다. 몇 개월 못 살 거라는 진단에도 아버지는 꿋꿋하게 항암을 선택했다. 아들딸이 대학에 진학하는 걸 보겠다는 불굴의 의지였다. 집안에 곧 죽을 수도 있는 사람이 존재한다는 건 생각보다 힘든 일이었다. 한창 예민한 사춘기 시절, 나는 매일매일 언제 심연으로 빠질지 모르는 살얼음판을 걷는 기분이었다.

좋았던 날도 있었으나 아버지의 몸은 악화일로를 걸었다. 언젠가부터 스스로 몸을 일으키지 못하셨고, 삶을 정리하는 말도 종종 꺼내곤 했다. 나는 퉁퉁 붓다 못해 딱딱해진 아버지 다리를 주무르며 우는 것 말고는 달리 할 수 있는 게 없었다. 내 학교 성적은 당신이 바라는 만큼 나와 주지 않았다. 서울에 있는 외고에 입학하며 기쁨을 드린 것도 잠시, 우물 안 개구리였던 나에게 최상위권 아이들과의 경쟁은 무리였다. 아버지는 내게 실망감을 표하셨다. 종종 방문 너머 어머니에게 말씀하시는 아버지의 한탄이 들려왔다. 당신의 기대에 차지 못하는 아들을 어찌해야 하느냐. 삶의 마지막을 앞둔 상황에서도 저런 말을 해야 하는가. 죄송한 마음과 원망이 뒤섞였다. '나는 부모를 행복하게 만들어 주는 일 하나 제대로 못하는구나.' 그렇게 아버지와 점점 멀어졌다. 감정 표현에 서툰 당신을 나도 쏙 빼닮아 있었다.

그리고 내가 재수를 시작한 그해 3월 아버지께서 돌아가셨다. 원래대로라면 내가 대학을 갔을 나이, 스무 살이었다. "아빠가 돌아가실 것 같아." 엄마의 전화를 받고 급히 병원으로 향하는 버스를 탔다. 눈물이 끊임없이 흘렀지만 사연 있는 사람처럼 보이기 싫어 창문을 열고 밖을 응시했다. 창밖의 사람들은 무심히 걸음을 옮기고 있었다. 한 사람의 죽음 앞에서도 세상은 돌아가고 있었다. 따뜻해지는 봄 공기가 무색하게도 나에게는 너무나 추운 날이었다. 아마도 시험에 관한 꿈을 꾸기 시작한 것은 그때부터였을 것이다.

피셔는 결국 나였다. 그 역시도 아버지의 인정을 받기 위해 무던히도 애쓰는 사람이었다. 자신이 아버지가 일구어 놓은 대제국의 수장이 될 수 있다는 사실을 끊임없이 증명하려 했지만, 그가 아버지에게 들은 마지막 이야기는 "너에게 실망했다."는, 가슴이 찢어지는 한마디였다. 평생 인정받고 싶은 대상에게 들은 마지막 말이 실망했다라니…. 그의 참담하고 원망스러운 마음에 공감했다.

코브 팀은 피셔의 아버지에 대한 감정을 이용해 회사를 해체하는 결정을 내리도록 잠재의식을 집요하게 공략했다. 처음에는 아버지에 대한 복수심을 자극해 그의 위대한 성취인 회사를 쪼개도록 만들려 했다. 하지만 이내 이 방법이 옳지 않다는 결론에 이른다. 부정적인 감정보다는 긍정적인 감정이 잠재의식을 움직이는 데에 더 효과적이었기 때문이다.

피셔의 부모에 대한 감정을 극적으로 변화시키는 매개는 무엇이었을까. 가장 중요한 이 장면은 영화의 막바지가 되어서야 등장한다. 아이러니하게도 피셔가 아버지의 회사를 해체하고자 하는 마음을 갖게끔 만드는 수단은 '아버지의 사랑'을 일깨워 주는 것이었다. 코브를 비롯한 그의 팀원들은 피셔의 꿈 깊은 곳까지 들어가, 아버지의 실망은 그가 기대에 못 미쳐서가 아닌 자신처럼 성공한 기업가가 되기를 원했기 때문이라는 사실을 깨닫게 만든다. 평생 자신을 괴롭힌 "실망했다."라는 말이 오해였다는 사실을 알게 된 순간, 그리고 아버지의 금고에 깊이 감춰진 하나의 물건이 자신이 어릴 적에 접었던 사진 속 바람개비였다는 것을 알게 된 순간 피셔는 오열하며 아버지와 같은 길을 걷지 않겠다고 다짐한다.

수능 전날이었다. 병원에 입원해 있는 아버지에게 전화가 걸려 왔다. 시험 잘 보라는, 평생을 걸쳐서 나에게 해오던 뻔한 말이겠거니 생각하고는 덤덤하게 전화를 받았다. 그런데 무뚝뚝한 당신답지 않게 수화기 너머 목소리가 떨려 오는 게 느껴졌다. 아버지는 울고 있었다.

"수능인데 같이 가 주지도 못하는 못난 아빠여서 미안해…."

무너지듯 주저앉아 울어 버렸다. 그리고 그날로 아버지를 용서했다. 피셔가 그의 잠재의식 가장 밑단에서 마음속 금고를 열어 바람개비를 확인하듯이 나 역시 그랬다. 아버지는 자신의 욕심으로 나를 몰아붙인 것이 아니었구나, 시험 성적은 그에게 중요한 것이 아니었구나…. 아버지의 삶 막바지에 이르러서야 나는 깨달았다.

이제 아버지는 내 옆에 없다. 아버지께서 돌아가신 지 벌써 14년이 넘었다. 그는 큰 사람이었다. 자식들에게 애정을 듬뿍 쏟는 자상한 가장은 아니었지만, 강한 뚝심과 쓰러지지 않는 대쪽같은 성정은 남자로서 배울 점이 많았다. 그래서인지 나도 피셔처럼 그동안은 부모님의 기대에 충족하는 아들이 되기 위해 무던히도 애썼다. 어쩌면 내가 원하는 삶을 깊이 있게 탐구하기보다는 부모님과 사회가 원하는 성공상을 충족하기 위해 발버둥친 게 지난 세월이었을 것이다.

나는 아버지를 그리워하지 않는다고 생각했다. 그러나 아버지의 나이에 점점 다가가며, 당신에게서 배우지도 않은 모습을 점차 닮아 가는 나 자신을 발견할 때마다 깜짝 놀란다. 어릴 때는 닮고 싶지 않았던 아버지의 기질마저 닮아가는 걸 보며 내 잠재의식 속에는 아버지가 그립고, 아버지에게 인정받고 싶고, 아버지처럼 되고자 하는 욕구가 있다고 비로소 받아들이게 된다. 기대에 미치지 못하는 나를 원망하며 아버지와 데면데면 지내지 말고 살아 계실 때에 한 번이라도 더 안아 드릴 걸. 아버지가 나를 낳은 나이에 이르러서야 당신의 마음을 조금이나마 헤아린다.

아버지가 한창 투병 중일 때에, 학생이던 나를 식탁에 앉히고는 가방에서 주섬주섬 뭔가를 꺼내 보인 적이 있었다. 삐뚤빼뚤한 글씨로 "아빠 사랑해요."라고 적힌, 코팅된 색종이였다. 내가 다섯 살 즈음에 생떼를 부리다 혼이 나자 울며 방에 들어가 써 온 편지라고 담담히 말씀하시고는, 그걸 보고 자기도 펑펑 울었다며 슬며시 웃음지으셨다. 고작 색종이에 써진 여섯 글자가 뭐라고, 무뚝뚝한 줄만 알았던 아버지는 그것을 코팅까지 해서 평생 가방에 간직하고 다녔다. 그리고 이제는 다 큰 내가 당신이 남긴 유일한 육필을 방 한편에 간직한다. 중학교 때 불쑥 내밀던 책 한 권. 그 안에 쓰인, "아들이 큰 그릇이 되길 바라는 마음에서 – 아빠가". 피셔가 금고에서 꺼낸 바람개비에 나의 색종이가 겹쳐 보인다. 우리는 어떤 방식으로든 함께 살아가고 있음을, 다시 한 번 떠올린다.

– **개봉** 2016년

– **감독** 라민 버라니

– **출연** 앤드류 가필드, 마이클 섀넌, 로라 던

누군가는 아직 깊은 잠에 빠져 있을 오전 5시 40분. 어둠 속에서 정신없이 울리는 알람을 손으로 더듬어 간신히 끈다. 팅팅 부은 눈은 뜨기도 힘들다. 비틀거리며 방을 나서 물 한 잔을 들이켠 후, 비몽사몽간에 샤워를 마치고는 옷을 주섬주섬 입는다. 서른네 살, 직장인 7년 차, 멋보다는 편하고 몸 따뜻한 복장이 최고라고 생각하게 되는 나이다. 한껏 중무장을 하고 커튼을 젖히니 창밖에 하얗게 눈이 내려앉았다. 나지막이 한숨을 뱉는다. "하아…. 오늘도 두 시간 걸리겠네."

나는 수도권 지역에서 평생을 부모님과 함께 살았다. 일정 나이 이상부터는 '같이 산다'기보다는 '얹혀산다'는 게 더 정확한 표현이 되었지만. 그러면서도 학교나 직장은 늘 집과는 멀어서 초등학교 5학년 이후로 어딘가를 걸어서 등교하거나 출근해 본 기억이 없을 정도다. 그때는 몰랐다. 자그

마치 20년에 가까운 기간 동안 내 인생의 대부분을 버스에서 보내게 될 줄은 말이다. 만약 알았다면, 굳이 그 나이부터 버스를 타고 등교하는 선택을 내리지는 않았으리라. 주변에서 왜 독립을 안 하냐며 물을 때면 댈 만한 이유는 많다. 나 없으면 혼자 살 엄마가 신경 쓰여, 총각일 때 가족이랑 시간 많이 보내야지 등등. 하지만 저 깊은 곳에 진짜 이유는 따로 있다는 걸 상대방도 나도 안다. 돈 많으면 진작 서울에 집을 샀다.

출퇴근길 버스는 시간과 공간의 방이다. 콩나물시루 같은 좌석 한편에 몸을 구겨 넣고 앉는다. 좌석과 좌석 사이의 거리는 나름 큰 키를 넣기에는 터무니없이 좁아서, 앉는다기보다는 끼운다는 표현이 더 맞는다. 누군가가 자리를 찾는 느낌이 들면 행여나 몸이 두꺼워 옆에 앉기 싫을까 패딩으로 퉁퉁해진 어깨를 한층 더 구기며 어떻게든 자리를 침범하지 않으려 노력한다. 올림픽대로는 사실상 주차장이다. 성공학 책에서 읽은 대로 출근 시간을 밀도 있게 잘 써 볼 거라며 호기롭게 책을 펴보지만, 결국은 몇 분 뒤 밀도 있게 잠에 빠져 버린 내 자신을 발견할 뿐이다. 한숨 푹 자고 일어나도, 다시 잠들어 악몽을 꾸다가 발작하며 일어나 옆 사람에게 겸연쩍게 꾸벅 사과 인사를 올려도 아직 올림픽대로다.

옴짝달싹도 하지 못한 채 두 시간을 달리고 나면 일제 강점기 때 고문 기구에 들어갔다 나온 듯 도가니가 쑤신다. 20대에는 팔팔한 나이여서 버티는 맛이 있었는데, 30대가 되니 여지없이 몸이 따라 주질 못한다. 출근과 동시에 녹초가 되는 기분은 겪어 보지 않으면 모를 것이다.

그렇게 언젠가부터 자연스레 내 집을 소망하게 된 것이다. 원하는 곳에 존재하는 삶의 터전. 20년간 나를 괴롭힌 버스에서 탈출하게 할 안식처! 꼭 갖고 싶고 절대 잃고 싶지 않은 나만의 무언가랄까. 그게 나에겐 집이었다. 집을 위해서 난 많은 것을 포기했다. 30대라면 으레 가지고 있을 만한 자동차? 없다. 명품은커녕 옷도 사 본 지가 오래 됐고, 점심값을 아끼려 회사에서는 굶는 것도 이번 기회에 고백해 본다. 짠내가 나지만 간단한 계산에 의거한 행동이다. 아무리 길게 일해 봐야 내게 남은 근로 시간은 15~20년 남짓인데, 그 돈으로 나와 배우자가 될 사람의 여생과 아이들의 삶, 집과 차 모든 것을 해결해야 한다. 내 자신이 너무나 평범하기 때문에 미래의 나와 내 가족을 위해 나의 현재를 희생하기로 한 것이다. 그 덕에 또래들보다 많은 돈을 모을 수 있었지만, 집값 앞에서 이것이 다 무슨 소용일까 하는 허무한 생각이 드는 것도 사실이다.

〈라스트 홈〉의 내쉬도 그랬을 것이다. 그는 미국 서브프라임 모기지 사태로 한순간에 집을 잃었다. 무분별한 대출로 인해 대부업체가 파산하고 연쇄적인 경제 위기로 피해는 말단 서민들이 입게 된 상황. 하지만 똥밭에 굴러도(실제로 구르기도 한다.) 가족은 재우고 먹여야 한다는 신념 때문이었을까. 집을 되찾기 위해 그가 내린 선택은 그들의 터전을 빼앗아간 악마 같은 부동산업자 릭 카버 밑으로 들어가 일하는 것이었다. 카버에게 집이란 게임이지만, 내쉬에게 집은 생존이다. 생존하려는 자는 어쩔 수 없이 그들의 게임에 합류할 수밖에 없다는 사실을 깨달았을 때, 내쉬가 느낀 복잡 미묘한 감정을 난 헤아릴 수 있었다.

벼락거지. 코로나 시국에 대한민국 청년들의 상황을 상징적으로 설명하는 단어가 아닐까. 팬데믹으로 인해 무지막지하게 풀린 유동성이 자산 가격을 밀어 올리고, 그저 열심히 살고 있을 뿐이었던 사람들은 멍하니 밀려날 수밖에 없던 상황. 놀랍게도 금리를 급격히 인상하며 1년 만에 집값이 다시 폭락하는 초유의 사태를 맞이해 '벼락거지'라는 조어는 옛말이 되어 버렸지만, 그럼에도 여전히 쉽사리 내 통장을 열 수가 없다. 누군가는 "열심히 모아서 집 사면 되지. 집은 아무 때나 사도 되는 거야."라는 이야기를 하지만 자신의 일이 아니기 때문에 쉽게 할 수 있는 말이라는 걸 안다. 그렇기에 수긍한 척 "하하하. 네. 그래야죠." 대충 웃어 보이고는 입을 닫는다. 적어도 집이라는 건 내게 전력을 기울여야 하는 생존의 문제이기에, '그럭저럭 살아도 이뤄지는 무언가'가 아니라는 것쯤은 이미 충분히 알고 있다.

친구들이 하나둘 결혼을 하기 시작한다. 겸사겸사 오랜만에 만난 저녁 자리에서의 주제는 역시나 집이다. 한숨 소리가 나온다. 누군가는 부모님의 든든한 지원으로 좋은 터에 집을 마련하겠지만, 대부분은 자신과 배우자가 모은 돈으로 어떻게든 상황을 타개해 보려 애쓸 것이다. 그리고 전자와 후자의 삶의 궤적은 아마도 많이 달라질 것이다. 불편하지만 이것이 자본주의라는 게임이 돌아가는 방식이라는 걸 다들 알고 있다.

술잔을 기울이며 "우리 살아남자!"라는 자조적인 응원의 말을 나눈다. 언제부터 결혼 축하 인사가 "살아남자!"가 되었을까? 살아남자… 살아남자… 잘 마시지도 못하는 술을 털어 넣는다.

"미국은 패배자들을 구해 주지 않는다. 승자들을 위해 세워진 나라이니까. 백 명 중 한 명만 방주에 탄다. 나머지 99

명은 가라앉는 거지. 난 가라앉지 않을 거야."라는 릭 카버의 말처럼, 어쩌면 나를 포함한 청년 세대는 내쉬처럼 '살아남아' 가라앉지 않기 위해서 누군가가 펼치는 게임에 억지로 합류하고 있는지도 모른다.

내쉬는 점점 더 부자가 되지만 역설적으로 그 돈은 자신과 같은 처지에 있는 사람들을 길바닥으로 내쫓아가며 버는 피 묻은 돈이라는 사실에 내심 괴로워한다. 하지만 이미 돈의 맛을 알아 버린 그에게 유혹을 떨치기란 어려운 일이 되었다. 낮에는 호화로운 생활을 하며 방탕아로 살다가, 밤에는 모텔촌으로 돌아오는 이중적인 생활은 머지않아 알려지고 만다. 바로 이 순간부터, 지금까지는 살기 위해서 갈구했던 돈과 집이 내쉬를 괴물로 변하게 만든다. 물론 가족을 위한 선택이었다는 걸 이해한다. 게임의 법칙을 모르면 당하는 건 힘없는 자신과 같은 사람들이라는 사실을 깨달았기에, 내쉬는 가라앉지 않기 위한 최선의 선택을 내렸을 것이다. 하지만 그 선택 때문에 가족들은 그에게서 등을 돌렸다. 가족이 떠난 괴로움으로 호화 주택에서 술을 퍼마시고 잠든 내쉬를 비추는 유리창에 수영장 물이 겹쳐 떠오른다. 드디어 노아의 방주에 탑승한 줄 알았으나 실제로는 수몰되어

당신의 세계는 안녕한가요

가는 그의 현실을 보여 주는 듯하다.

모 영화 리뷰 사이트에서 "〈빅쇼트〉가 스카이 뷰라면 〈라스트 홈〉은 로드 뷰다."라는 평을 보고 무릎을 탁 쳤다. 같은 2008년 서브프라임 사태를 다루었지만, 〈빅쇼트〉는 거시적인 관점에서 이 재앙 같은 상황을 바라본다. 하지만 〈라스트 홈〉은 그 경제 속에 살아가는 우리 같은 소시민 한 명 한 명의 생생하고 끔찍한 고통을 직시함으로써, 경제 위기가 한 인간의 삶을 어디까지 떨어뜨릴 수 있는지를 보여 준다. 자본주의 사회에 살아가는 탓에 억지로 게임에 합류하다 결국 독박을 쓰는 사람들의 이야기가 남의 일 같지 않은 이유다. 가끔은 내가 추구하는 목표가 릭 카버와 같은 사람들이 설계한 게임 속에서 누군가를 괴롭게 하는 일이 되지는 않을까 걱정도 된다. 나는 행복해지고 싶다. 하지만 릭 카버처럼 나의 이웃, 나의 동료를 짓밟아가며 행복해지지는 않을 것이다. 그게 삶이라면 틀린 삶이다.

지금도 고민 중이다. 어떻게 삶을 살아야 할지, 내 집을 구할 방법은 무엇일지, 각자도생의 시대에 반칙 없이 방주에 올라탈 수 있는 방법은 무엇일지 말이다. 답을 얻기 전까지 나는 언제나 그랬듯이 5시 40분에 기상하고, 비틀거리며 샤워를 한 뒤, 고문 기구 같은 버스에서 쭈그린 채 졸아 가며 출근하는 생활을 반복할 것이다. 그래도 좋다. 매일같이 엎어지고 깨지며 시행착오를 겪어도 결국은 옳은 길을 향해 나아가고 있다고 믿기 때문이다. 영화의 마지막 순간, 내쉬가 비로소 본인이 생각하는 옳은 삶을 선택했듯이.

행복을 찾아서 The Pursuit of Happyness

- **개봉** 2006년
- **감독** 가브리엘 무치노
- **출연** 윌 스미스, 제이든 스미스

전 세계를 울린
기적 같은 실화

행복을 찾아서
The Pursuit of Happyness

11월 CGV 단독개봉

시궁창 같은 현실에
주저앉지 말아요

사람의 인생이 90년이라고 한다면, 현재 30대 초반인 나는 대략 3분의 1 지점을 통과한 셈이다. 대체로 괜찮은 삶이었으나, 치열한 삶이었다. 세상이 나를 그렇게 만들었달까. 나도 나름대로 충분히 고민하고, 때로는 고통스러워하며, 매 순간 분투하며 살아왔다. 왜 그렇게 살았냐고 묻는다면 "행복하고 싶어서!"라고 대답하겠다. 누구나 그런 것처럼!

호아킴 데 포사다의 《마시멜로 이야기(Don't eat The Marsh mallow... Yet!!)》를 한 번쯤 들어 봤을 것이다. 어린아이에게 마시멜로를 쥐어 주며 "15분간 먹지 않으면 마시멜로를 하나 더 주겠다."는 약속을 한 뒤, 아이가 홀로 있을 때 그 유혹을 참아 내면 성인이 되어서 성공할 확률이 높다는 이야기. 나는 늘 행복을 좇았지만, 눈앞의 마시멜로를 참아 내는 어린아이처럼, 행복의 총량이 정해져 있다면 그것을 먼저 써 버리긴 싫었다. 대신 나는 대리 행복을 찾아 헤맸다. 여행을 직접 가기보단 여행 작가의 책을 읽었고, 물건을 충동적으로 구매하기보다는 리뷰어의 유튜브 영상을 봤다.

이런 성향이 나를 운명처럼 영화 〈행복을 찾아서〉로 인도한 건 아닐까 싶다. 너무나 직관적인, 행복을 찾는다는 말에 홀린 듯이 영화를 뽑아 들었다. 그런데 아뿔싸. 이 영화는 반짝반짝 빛이 나는 행복한 영화가 아니다! 오히려 인생의 바닥까지 떨어진 주인공 크리스의 처절한 생존기다. 가장인 크리스는 매일매일 커다란 의료 기기를 들고 다니며 하나라도 팔기 위해서 고군분투한다. 아내와 함께 어린 아들을 키우기 위해 쉴 새 없이 일하지만 상황은 쉬이 나아지지 않는다. 그가 바라는 단 하나의 꿈이자 행복은 자식에게 먹고 싶은 것을 마음껏 먹이고, 아이와 함께 편안하게 잠잘 수 있는 작은 공간을 가지는 것뿐이다.

나에게도 꿈이 있었다. 마틴 루서 킹의 인종 갈등 없는 세상 같은, 전 인류를 위한 거창한 꿈은 아니지만, 내 목소리로 많은 사람에게 희망을 주는 사람이 되고 싶었다. 그때 눈에 들어온 게 라디오 DJ와 스포츠 캐스터였다. 아나운서 학원에 등록했다. 그러고는 비싼 학원비를 마련하기 위해 오전에는 대학에서 공공 근로를 뛰었고, 수업이 끝난 오후에는 학생들을 가르쳤다. 주말에는 학원에 나가 수업을 듣고 연습을 했다.

하지만 아나운서 준비를 할수록 그곳은 내가 생각한 세상과는 조금 달랐다. 언론인이고 싶기보다는 연예인이 되고픈 사람들이 더 많았고, 목소리로 희망을 주겠다는 당찬 포부는 더 멋지고 화려한 친구들의 장기 자랑 앞에 특색 없는 외침이 되어 버렸다. 업계의 사정도 좋지 않았다. 정규직보다는 프리랜서를 선호하는 분위기를 견뎌 낼 자신이 없었다.

나는 실패할 여유가 없었다. 하루빨리 안정적인 일자리를 잡아 어머니를 안심시켜야 하는 게 지상 과제였던 내 입장에서는 자리도 불안할 뿐더러, 밑 빠진 독에 물을 붓는 것처럼 끊임없이 품위 유지 명목의 돈이 들어가는 삶을 계속할 수 없었다. 결국 방향을 바꿔 일반 회사 취업을 준비하기 시작했다. 첫 번째 실패였다.

또 하나의 꿈이 있었다. 이른 나이에 가정을 꾸려서 알콩달콩 결혼 생활을 하는 것, 그리고 매일 밤마다 침대 머리맡에 앉아 잠들 때까지 아이에게 다정하게 책을 읽어 주는 아빠가 되는 것이었다. 한창 열정과 패기가 넘치는 20대 초반의 남자가 꾸기에는 꽤나 가정적인 소망이었지만, 왠지 이루고 싶은 꿈이었다.

　풋풋했던 당시 나는 여자 친구가 있었는데, 그녀도 편입이라는 꿈이 있었다. 매일 연애하고 싶은 그 시기에 나는 그녀의 공부를 위해 데이트도 제대로 못한 채 그녀의 편입 준비를 뒷바라지했다. 다행스럽게도 1년의 노력 끝에 도전은 성공했으나, 새 공부를 위해서는 지방으로 가야 했다. 그럼에도 나는 진심으로 기뻤다. 그녀의 꿈이 곧 내 꿈이었으니까. 그녀의 꿈을 이루는 데 내가 힘을 보탰으니까. 이제 나는 내 자리에서 나의 할 일을 잘하고 있으면 되겠다 싶었다.

　그러나 이후 지방과 서울을 오가며 겪는 어려움은 예상하지 못했다. 그녀는 힘든 공부에서 오는 스트레스를 나에게 풀었다. 힘든데 보러 와 주지도 못한다며 때로는 나를 원망하고 타박했다. 마음이 아팠다. 자신의 꿈을 위해 희생한 건 나인데…. 시간이 지나면 모든 것이 제자리로 돌아올 수 있을 줄 알았다. 하지만 그녀는 자신의 꿈을 이루자 나를 떠났다. 나와는 행복할 것 같지 않다는 말이 그녀의 마지막 인사였다. 그렇게 일찍 결혼을 하겠다는 나의 꿈은 세상 물정 모르는 젊은이의 치기어린 바람으로 끝나 버리고 말았다. 또 다른 실패였다.

　이 외에도 굳이 언급할 필요조차 없는, 무수히 많은 자잘

한 실패들과 함께했다. 사막 한가운데에 서 있는 풍화된 바위처럼, 감수성이 예민하고 열정이 넘치던 나도 언젠가부터 감정 없고 무덤덤한 아저씨가 되었다. 열정을 다한 일이 한순간에 무너지고 스스로에게 이제 멈출 때라고 인정할 때의 상실감, 기대만큼 내가 잘난 존재가 아니라는 것을 인정하는 괴로움이 겹쳐 힘든 시간을 보냈다. 당시 나에게 행복이란 〈행복을 찾아서〉의 크리스의 말처럼, "늘 좇아야 하는 대상일 뿐 절대 잡을 수 없는" 것인지도 몰랐다.

내가 크리스에게 정감이 갔던 건, 크리스를 보며 나만 실패하는 게 아니라는 위안을 받았기 때문이다. 그도 수없이 실패했다. 아니, 나의 실패는 아무것도 아닐 정도로 처참한 실패를 매일매일 겪고 있었다. 크리스는 의료 기기를 사고 싶어 하지 않는 의사에게 어떻게든 팔아보기 위해 애를 쓰지만 늘 실패한다. 영업 성공 여부가 곧 생활비로 직결이 되는 탓에, 방세가 밀려 집주인과 옥신각신하는 상황에 처하기도 한다. 게다가 아들을 제대로 먹이지 못하는 괴로움은 이루 말할 수 없을 것이다. 과연 나였다면 이런 삶을 버티어 낼 수 있을까? 크리스의 상황은 실패라기보다는 생존을 위한 투쟁에 가까운 것이었다. 문득 나의 실패가 부끄러워졌다.

그러나 두드리는 자에게 문이 열린다고 했던가. 빨간색 고급 차를 주차하는 또래 중년 남성 옆을 지나던 순간이 크리스의 '문이 열리는 시간'이 아니었나 싶다. 어떻게 하면 이런 차를 몰 수 있느냐는, 조금은 무례한 크리스의 질문에 중년 남성은 자신의 직업이 증권 트레이더라고 말한다. 그 말을 듣자마자 크리스는 증권사에 도전한다. 하지만 아무 경력도 없는 그에게 주어진 일자리는 무급 인턴 자리뿐이었다. 치열한 경쟁을 통과한 한 사람에게만 주어지는 정규직의 기회. 크리스는 인턴 기간의 무급을 견디면서까지 그 자리에 도전한다. 어찌 보면 바보 같은 결정이었다. 현재의 수입으로도 먹고살기가 팍팍한데 무급이라니. 견디다 못한 아내는 헤어짐을 고하고, 아들과 둘이 남은 크리스는 집에서도 쫓겨나 모텔을 전전한다. 그마저도 방세를 내지 못해 지하철 화장실에서 숨죽여 눈물 흘리며 잠을 청한다.

영화의 제목은 〈행복을 찾아서〉인데, 도대체 '행복'은 언제 나오는 걸까. 영화가 중후반부에 이르렀는데도 여전히 진흙탕을 구르는 크리스를 보면서 의문이 피어올랐다. 그러나 돌이켜 보면 나 역시 무언가를 실질적으로 이뤘을 때 행

당신의 세계는 안녕한가요

복이 찾아오지는 않았다. 그보단 아나운서 준비를 그만두고 내가 잘 할 수 있는 것이 무엇일까 고민할 때, 상처뿐이었던 이별을 딛고 진심을 다해 나를 배려하는 사람을 만나는 과정에서 행복감을 느꼈다. 결국 영화에서 말하는 진정한 행복이란 시궁창 같은 현실에 주저앉거나, 신데렐라처럼 한순간에 인생이 바뀌어 버리는 것에서 오는 것이 아니라 내게 처한 어려움을 바꿔 보려는 '의지'에서 오는 것이 아닐까.

"회의실로 와 줄 수 있니?"

2018년 초, 직장 상사의 갑작스러운 호출 문자가 왔다. 평소 교류도 많지 않던 분이어서, '무슨 일이지? 내가 뭐 잘못했나?' 별의별 생각이 다 났다. 회의실로 향하는 발걸음이 유난히 무거웠고, 그 짧은 거리가 백 리 길처럼 느껴졌다. 똑똑. 회의실 문을 두드리고 들어가 앉은 나에게 상사가 전한 말은 의외였다.

"너, 나랑 영화 팟캐스트 해 볼래?"

줄곧 실패인 줄 알았던 내 삶이 변화하는 분기점이었다. 팟캐스트 콘텐츠 〈퇴근길 씨네마〉라는 새로운 기회가 내게 찾아 왔고, 어려웠던 상사는 '류과'라는 닉네임의 동료가 되어 언제든지 힘이 되어 줄 수 있는 든든한 멘토가 되었다.

4년 넘게 청취자들을 만나고 구독자 4,500명 수준의 팟캐스트 콘텐츠로 성장시키면서 이루지 못할 것 같았던 꿈을 되찾았다. 내 이야기를 듣고 누군가 공감할 수 있다는 사실이 오히려 나를 위로했다. 수준 높은 예술 영화들을 많이 챙겨 보게 되고, 영화를 보며 느낀 감정들을 나보다 훨씬 뛰어난 영화 산업 전문가인 멤버들과 함께 이야기하면서 지적 욕구를 채울 수 있었다. 심지어 평소의 나라면 생각도 하지 않았을 부산국제영화제에 멤버들과 방문하면서 다양한 세계와 장르의 영화들을 보고 축제 분위기를 즐기는 경험을 하기도 했다. 꿈을 직업으로만 이루려 했던 것이 얼마나 좁은 시야의 생각이었던가! 생각해 보면 목소리로 사람들을 만나는 방법은 너무나 많았다. 단지 그 방법을 찾느냐 마느냐, 의지 문제였던 것이다.

이 영화는 대부분의 시퀀스에 주제가 달려 있는데, 가장 중요한 '행복' 파트는 영화의 막바지에 이르러서야 제시된다. 영화를 끝까지 본 사람들이라면 간절히 바라던 크리스의 정규직 전환 성공, 그리고 거대한 부를 이루게 됐다는 자막으로 거짓말 같은 실화의 끝을 맺는다. 하지만 크리스 역시 시궁창을 딛고 일어나는 과정 자체에서 이미 충만한 행복을 느꼈으리라. 내가 그랬던 것처럼.

　나의 실패담은 부끄럽다. 지금 삶을 정당화하는 변명이 되는 것 같기 때문이다. 그래도 부끄러움을 무릅쓰고 실패를 목도하려 한다. 크리스의 이야기를 보며 실패를 받아들이는 것이 얼마나 중요한지 알았기 때문이다. 인생을 살아갈 수 있는 이유는 내일에 대한 기대가 있기 때문이다. 그래서 나는 매일 실패할지언정 내일에 대한 기대를 놓지 않으려 한다. 이 영화를 단순히 돈이 최고라고 부르짖는 자본주의 선전 영화라고 평가절하한다면 곤란하다. 그보다는 어려움 속에서도 멈추지 않고 한 줄기 빛을 찾아내는 의지, 그리고 긍정적인 자세로 겨울을 견디면 반드시 봄이 온다는 멋진 진리를 담은 가족의 이야기라고 이야기하고 싶다. 언젠가, 이 영화를 다시 뽑아 들게 될 것이라는 강한 확신이 든다.

– **개봉** 2011년

– **감독** 로저 미첼

– **출연** 레이첼 매캐덤스, 해리슨 포드, 다이앤 키튼

10개 채널을 운영하고 있는 중견급 케이블 방송사에서 편성 PD로 일한 지 어언 7년째다. 어리숙한 신입 사원의 모습을 보이던 시절이 엊그제 같은데, 영화 채널에서 3년을 보내고 예능 채널에서 4년을 보냈으니 연차가 이제는 적지 않다. 제작 PD와는 다르게 편성 업무는 루틴하다. 채널이 잘 돌아갈 수 있게 운영하는 직종이다 보니 창의력보단 꼼꼼함이 요구되고, 때문에 업무의 성격도 사무직에 가깝다. 처음에는 이 괴리가 아무래도 적응이 잘 되지 않았다. 그래도 방송사의 'PD' 이름을 달고 일하는데, 기대했던 모습과는 너무나 다른 회사 생활이었기 때문이었다. 편성 업무가 무엇인지 잘 모르고 지원한 나의 탓이겠지만.

아무튼 〈굿모닝 에브리원〉을 만난 건 영화 채널 말단 막내 사원일 당시였다. 이제 막 들어온 신입 직원이 무슨 일을 할 수 있을까? 주 업무는 방송에 나갈 영화들을 미리 검수하는 작업이었다. 검수 작업은 지루하다. 내가 보고 싶은 영화를 보는 게 아니다 보니 B급 영화부터 때로는 19금 영화까지 후반 제작에서 잘못된 부분은 없는지 마냥 뚫어지게 보고 있어야 하기 때문이다.

이 영화의 첫 이미지도 마찬가지였다. 로맨틱 코미디라는 장르, 매력이 느껴지지 않는 제목 때문이었을까. 어디서 봤을 법한 오피스 드라마이겠거니 하고 재생을 시작했다. 헌데 이 영화, 시작하고 보니 멈출 수가 없다. 어느새 회사에서 소리 죽여 쿡쿡 웃는 나를 발견할 수 있었다.

베키 풀러(레이철 매캐덤스)는 지방 방송사의 PD다. 경영 악화로 다니던 회사에서 잘린 후 천신만고 끝에 얻은 iBS 방송사의 아침 프로그램 〈데이브레이크〉 메인 PD 자리는 시작부터 험난했다. 입사하자마자 그녀가 받은 미션은 시청률 꼴찌에서 벗어나라는 것. 아침 프로그램은 엄청난 경쟁 상황이었다. 주 타깃 시청자층이 주부다보니 얼마나 자극적인 주제로 그들의 눈을 사로잡을 수 있느냐가 핵심이었다. 허나 제작진과의 첫 대면 자리부터 일이 쉽지 않음을 직감한다. 패배주의에 빠져 자기 말만 하는 스태프에, 과거의 영광에 취해 콧대만 높은 진행자들까지 사방이 장애물이다. 폐지 위기에 빠진 프로그램을 살리기 위한 그녀의 첫 대책은

당신의 세계는 안녕한가요

프로그램의 터줏대감으로 자리 잡고 있던 남성 진행자를 잘라 버리고, 유명 저널리스트를 기용한 것이었다. 신입 초짜 메인 PD라며 무시하는 시선 속에서 헤게모니를 쥐기 위한 그녀의 고군분투가 어찌나 공감되면서도 귀엽던지…. 이건 나의 모습이잖아!

아직도 첫 입사하던 날의 느낌을 생생히 기억한다. '나도 이런 빌딩의 회사에 출근하는구나! 어머니! 저 성공했습니다!'라고 생각했더랬다. 하지만 부푼 감정도 잠시, 매일 아침 버스에 구겨 앉아 졸면서 출근하면 나를 기다리고 있는 건 처참한 시청률 성적표였다. OTT와 디지털 콘텐츠의 범람 속에서 시청자를 빼앗긴 TV 방송사는 점점 설 자리를 잃고 있었다. 그때 처음 알았다. '방송사들이 이렇게 낮은 시청률로도 먹고사는 거였구나!' 시청률 0.001퍼센트의 작은 차이에도 방송사 순위가 뒤바뀔 수 있다는 사실은 내부자가 아니라면 쉽게 알기 어렵다. TV업계의 주 매출원은 광고 수입이다. 모두가 높은 광고 매출을 올리며 행복할 수 있다면 좋겠지만 현실은 그렇지 않다. 최대한 많은 시청자에게 노출되기를 원하는 광고주 입장에서는 자연스럽게 시청률이 높은 채널에 광고를 틀기 원하기 때문에, 시청률 순위를 한 계단이라도 높이기 위해 방송사들은 치킨 게임을 벌이고 있는 것이다. 더 큰 문제는 TV 광고 시장의 전체 파이가 점점 작아지고 있다는 점이다. 뻔히 보이는 미래 앞에서, 우리는 발버둥이라도 쳐보는 것 말고는 할 수 있는 일이 없다.

패배주의. 내가 겪어 온 회사의 단상을 한마디로 표현하자면 이렇다. "TV는 안 돼. 우리가 해 봐야 그게 그거지 뭐." 우리 회사를 최고의 방송사로 만들겠다는 꽤나 큰 꿈을 품고 들어온 신입 사원에게 파티션 건너에서 매일 들리는 이런 자조 섞인 유머는 적응하기 어려운 것들이었다. 처음에는 그냥 하는 소리이겠거니 했었다. 하지만 구성원들의 이런 마인드는 단순히 한두 가지의 문제로 촉발되는 감정이 아니었다. 산업 전체의 침체, 계속되는 사업의 부침, 답답한 경영진의 마인드, 회사의 기풍 등 정말 다양한 요소가 결합해 나타나는 문제였던 것이다.

그렇게 몇 년을 보내고 나니, 어느덧 내 모습도 파티션 너머의 상사들과 다를 게 없었다. 내가 아무리 노력해도 회사의 방침에 따라 움직일 수밖에 없다는 사실을 깨닫자, 나는 의견 내기를 멈추었다. '이 정도면 됐지. 어차피 해도 안 되잖아?', '내가 원하는 커리어맨의 모습은 이런 게 아니었는데 말이지'라며 나를 다독여봤지만 그때뿐, 타성에 젖을 대로 젖은 나는 '고인물'이 되는 길을 걷는 듯했다. 말 그대로 나는 회사 생활의 위기를 겪고 있었다.

베키도 나와 마찬가지였을 것이다. 어렵사리 얻은 직장과 메인 PD라는 기회를 잘 살려보고 싶었겠지. 하지만 그녀의 이름을 걸고 삼고초려하며 모셔오다시피 한 마이크 포머로이는 과거의 영광에 취해 사사건건 베키의 요구를 묵살하고 고집을 부린다. 심지어 가장 호흡이 잘 맞아야 할 공동 진행자 콜린과는 자존심 싸움으로 파탄 직전까지 가 버리니, 출연자는커녕 자기 마음대로 굴러가는 게 하나도 없다는 것을 안 베키의 마음이 어땠을지 나는 능히 짐작할 수 있었다.

그러나 그녀는 포기하지 않았다. 24시간 전화기를 놓지 않고, 심지어 꿈에 그리던 남자와의 뜨거운 하룻밤을 포기할 만큼 베키는 〈데이브레이크〉에 진심이었다. 조금이라도 시청자를 끌어들이기 위해 한 번도 해 보지 않은 파격적 포맷을 시도하기도 하고, 어떻게든 포머로이의 '친근하고 새로운' 모습을 끌어내고자 노력한다.

진심이 닿은 것일까. 독불장군 같았던 포머로이가 조금씩 변하기 시작한다. 그 역시 프레임에 갇혀 있던 것이다. 베키와 함께하며 만드는 작은 성취의 기쁨을 알게 된 것일까. 베키의 이직을 막기 위해 방송에서 단 한 번도 하지 않은 요리를 시전(?)하고, 팀원들도 일심동체가 되어 결국 꿈의 시청률 1.5퍼센트를 달성한다. 같은 상황이었으되 받아들이기가 달랐으니 그것이 나와 베키의 차이였다. 작은 차이로 나와 베키의 결과는 얼마나 크게 벌어졌는가. 유쾌한 영화를 앞에 두고 문득 진지해졌다.

"마음가짐에 모든 것이 달려 있는 거야."

부모님이 어린 나를 앞에 두고 귀에 딱지가 앉도록 하시던 말씀이었다. 또, 또, 뻔한 말…. 나는 그저 잔소리로 치부하며 당신들의 말을 한 귀로 듣고 한 귀로 흘리곤 했다. 그도 그럴 것이 철없는 10대, 20대에는 '언제든지 실천만 하면 되는 뻔하고 쉬운 일을 저렇게까지 이야기하나' 싶은 생각이 들었기 때문이었다. 그런데 20대 후반이 되어 회사에 들어오니 회사 생활을 먼저 하신 선배들이 같은 말을 했다. "왈라비야, 회사 생활은 말이야. 다 똑같아. 결국 마음가짐의 차이야."

뭐지, 이 사람들 부모님이랑 똑같은 말을 하네. 그리고 7년을 근무해 보니, 선배들의 말이 무엇인지 어렴풋이나마 이제는 알 것 같다. 신입 사원 때야 모든 게 새롭고 어렵다 보니 긴장의 연속이다. 하지만 이것도 잠시뿐, 어느 정도 일이 손에 익는 3년 차가 되면 슬슬 지루해지기 시작한다. 딱히 실수할 일도 없으니 발전을 위한 동기를 스스로 찾지 않으면 그 자리에 멈추기 십상이다. 결국 매주 똑같이 반복되는 루틴 속에 매몰되지 않게 지키는 좋은 방법은 마음을 다스리는 것이었다. 어떻게 하면 더 재밌게, 활기차게 일할 수 있을까? 해 보자, 안 되면 또 해 보지 뭐! 같은 현상을 '어떻게' 바라보느냐에 따라 수없이 다른 결과를 낼 수 있다는 사실이 놀라웠다. 그런 와중에 만난 베키의 일을 향한 순수한 열정은 나를 감화시키기에 충분했다. 아무리 쉬운 일이라도 꾸준히 실천하는 것이 가장 어려운 일이라는 것을 깨닫는 데에 긴 세월이 필요한 셈이었다.

그래서 나도 베키를 본받기로 결심했다. 같은 상황을 '다르게' 받아들이는 것이다. 출근하기 전 거울 앞의 나와 하이파이브하며 용기 북돋아 주기. 회사까지 걸어가는 길에는 듣기만 해도 기분 좋아지는 노래를 들으며 기분 끌어올리기. 회사에 출근할 때는 내 감정이 어떻든 간에 다 내려놓고, 활기차게 인사하며 들어가기. 이 역시도 사소하지만 매일을 조금씩이나마 바꾸고 싶은 나의 노력이다. 물론 틱틱 대고 모든 일에 죽상을 하며 임할 수도 있다. 하지만 그러면 나에게 무엇이 남을까? 나와 일하고 싶어 하는 사람 하나 없이, 기회도 부여받지 못한 채 잊히는 신세가 될 것이다. 다름 아닌 나의 선택으로 초래되는 결과다. 나는 누군가의 베키가 되고 싶다. 이왕 힘든 세상을 함께 버텨 나가는 동지라면, 지지고 볶고 싸우고 으르렁거리기보다는 나로 인해 누군가가 기분이 좋아지고, 하루가 활기차지고 열심히 일해 보고 싶은 생각이 들었으면 좋겠다.

방송사의 매일매일은 0.1퍼센트를 두고 다투는 전쟁터다. 나는 오늘도 내일도 전쟁에 임할 것이다. 하지만 '끌려갈' 것인가 '즐길' 것인가? 회사의 미래는 알 수 없지만, 적어도 나의 미래를 누가 결정할 수 있는지는 똑똑히 알고 있다. 그렇기에 나는 내일도 크게 외치며 출근할 것이다.

굿모닝! 에브리원!

당신의 세계는 안녕한가요

패밀리 맨 The Family Man

– **개봉** 2000년
– **감독** 브렛 래트너
– **출연** 니컬러스 케이지, 티아 레오니

저,

이직할까요?

"선배님, 드릴 말씀이 있어요."

아직 채 9시가 되지 않은 시간이다. 여유롭게 커피를 탄 후 자리에 앉으려던 참이었는데, 제일 아끼는 후배가 말을 걸었다. 한때 같은 팀에서 동고동락하며 지내던 사이였다. 굳이 이 시간부터 나를 찾을 이유는 많지 않았다. '올 것이 왔구나.'

복잡해진 머리로 뒤를 따라나섰다. 아직 해가 채 다 뜨지 않은 회의실은 어두컴컴했다. 원래였다면 자리에서 여유 있게 들이켰어야 할 커피인데, 잔만 하릴없이 만지작거렸다. 마주앉은 자리. 나는 아무것도 모르는 척하며 밝게 말을 건넸다.

"무슨 일 있어요? 아침부터 부르는 걸 보니."

"저, 그만두려고요."

"…."

침묵이 회의실을 감쌌다. 예상은 했지만 어떤 말을 꺼내야 할지 갈피를 찾기가 힘들었다. 그 뒤로 나오는 떠남의 이유와 공허한 감사의 인사가 회의실의 차가운 공기를 듬성듬성 채웠다. '또 한 명이 떠나는구나.' 일이 손에 잡히지 않았다.

　일을 정말 그만두고 싶어질 때는 업무량이 많거나 상사의 꾸중을 들을 때가 아니다. 정든 내 옆의 동료가 이직을 이야기할 때다. 그들의 선택에 나는 부러움으로 작아지기도 하고, 아쉬움에 말을 잇기가 어려우면서도, 동시에 축하를 건네고 싶은, 정말 이상한 감정에 휩싸인다. 동시에 내 선택에 대해서도 생각하게 된다. '회사에 남는 내 결정은 옳은 것인가?'

　나는 이직 욕구가 많은 사람은 아니다. 딱히 옮길 이유가 없었다. 광화문이라는 적당한 위치, '9-6'가 보장되는 적당한 업무량, 적당한 연봉으로 괜찮은 삶을 영위할 수 있다는 안도감 때문에 그간 안주했다. 나는 도전하기보단 인내하는 사람이었다. 나라고 왜 그만두고 싶었던 적이 없었겠는가. 단지 스스로 선택한 자리에 금방 싫증을 내고 떠난다면 책임감 없는 행동이라고 생각했기에 쉽게 발을 뗄 수 없었을 뿐이다. 그렇게라도 수많은 경쟁자 중에 내세울 것 없는 나를 뽑아 준 감사함을 표현하고 싶었다.

입사한 뒤로 너무나 많은 사람들이 회사를 떠났다. 부적응, 더 나은 무대, 더 높은 연봉 등 표면적인 이유야 다양했으나 본질적인 부분은 같았다. 이 회사가 다른 회사에 비해 나은 점이 없다는 것이었다. 절이 싫으면 중이 떠난다고, 버티는 것을 미덕으로 여기지 않고 끝나지 않는 업무의 연속을 힘든 짐이라기보단 SNS에 과시할 만한 것으로 여기는 세태 속에서 왠지 나는 실패자가 되어 가는 듯했다. 도전과 인내 속에서 나는 어떤 가치를 선택해야 하는지 혼란스러웠다. 이직을 열심히 준비하는 것도 아니고 진득하게 회사에 붙어있는 것도 아닌 애매한 상태에서 첫 회사에서만 수년을 보냈다.

〈패밀리 맨〉은 언뜻 보기엔 단순한 영화다. 제목에서도 드러나듯이 이 영화는 표면적으로 가족애를 다룬다. 월스트리트에서 잘나가는 투자 회사 사장인 잭 캠벨은 무서울 게 없는 사람이다. 맨해튼에 있는 멋진 사무실과 화려한 자동차, 아름다운 여자 친구까지. 성공에 취한 잭의 모습은 어찌 보면 오만해 보이기도 한다. 그런 그에게 극적인 사건이 벌어진다. 길거리에서 의문의 남자를 만나고 돌아와 잠을 자고 일어나 보니 모든 삶이 뒤바뀌어 있었던 것이다! 화려했던 월스트리트의 삶은 온데간데없었다. 십수 년 전 사귀던 여자 친구와 결혼해 변두리 소도시에 살며 타이어 영업 사원으로 일하는 삶이 그에게 얼마나 충격적으로 다가왔을까. 심지어 두 명의 아기는 보너스였다. 당연하게도 잭은 "이건 내 삶이 아니"라며 돌아가기 위해 몸부림친다.

  내게 〈패밀리 맨〉은 좀 더 심오한 영화다. 바로 '선택'에 관한 영화이기 때문이다. 잭이 월스트리트에서 거대한 성공을 이룰 수 있었던 이유는 무엇이었을까? 13년 전, 여자 친구와 헤어지며 돌아온다는 약속을 저버리고 월가에 남았기 때문이다. 성공에 도취한 그에게 영화는 물음을 던진다. '네가 만약 그 공항에서 월가로 떠나지 않았다면 인생은 어떻게 흘렀을까?' 이제 잭은 또다시 선택의 기로에 놓인다. 화려하지만 공허한 월가의 삶으로 돌아가느냐, 아니면 빠듯하지만 따뜻한 네 가족의 삶을 선택하느냐.
  매 순간이 선택의 연속인 우리네 인생도 이와 다르지 않다. 최선이기를 기도하며 선택을 내리지만 사실 그것이 최선인지는 알 길이 없다. 나 역시 동료들의 선택을 지켜보며 이직을 열망하다가도 옮길 회사가 혹 금방 망해 버리지는 않을까, 우리 회사보다 업무량이 많지 않을까 하는 생각에 망설이게 된다.

그러고 보니 내 인생은 '최선보다는 차선'이었다. 최선을 이루면 좋겠지만, 어렵다 싶으면 바로 차선책을 택함으로써 실패를 최소화하는 것. 어쩔 수 없는 선택이었다. 어린 나는 한 번이라도 실수하면 나락으로 갈 것만 같다 느꼈기에 고생하며 직진하기보단 안전하게 우회하는 방법을 택했다. 내 거취로 집안에 걱정을 끼치기도 싫었다. 그러다 보니 이제 와서 그때의 선택을 뒤돌아보게 된다. '그때 만약 도전했으면 내 인생은 지금쯤 어떻게 달라졌을까?'

선택할 때 후회하지 말라고 배웠건만, 현실이 궁핍해질 때마다 그 결심은 안개처럼 사라져 버린다. 가 보지 못한 길은 언제나 아름다워 보인다.

지금 내 상황도 예전과 비슷하다. 동료들은 떠나가는데 나는 제자리에 있다. 마치 주변 상황만 빨리감기로 돌아가는 것처럼 도전과 인내 사이에서 나는 다시 갈팡질팡한다. 하지만 잭의 이야기를 보며 위로를 받았다. 비록 타의에 의해 시작한 일이라 해도 케이트와의 결혼 생활을 택하는 것은 잭에게 '도전'이었다. 어느 누가 뉴욕 한복판 팬트 하우스에서 시골집(?)으로 옮길 수 있단 말인가! 아기 기저귀 가는 법도 모르는 잭에게 서민 생활은 명백한 후퇴였다. 모든 것이 어색했을 것이다. 하지만 깐깐한 도시 남자였던 그를, 너무나 매력적인 케이트와 두 아이가 서서히 물들인다. 펜트하우스의 고층 뷰보단 오래된 그들만의 집에서 바라보는 마당 뷰가 훨씬 더 아늑하다는 것을, 비싼 물건을 혼자 펑펑 소비하며 사는 삶보단 단돈 몇 센트 차이에 고민하더라도 사랑하는 사람과 함께 장을 보는 경험이 더 소중하다는 것을, 잭은 새로운 인생을 살며 점차 깨닫는다. 그리고 스스로가 '주체가 되어' 선택을 내린 삶은 후퇴도 진보도 아닌 그 자체가 소중한 행복이라는 사실도 함께. 마음이 이끄는 대로 결정하지 않았다면 절대 얻을 수 없는 깨달음이다.

잭을 보면서 나는 인생에서 맞닥뜨리는 선택의 기로에서 차선을 선택했다고 자위했지만 실제론 회피한 것이라는 생각이 들었다. 최선의 결과를 낼 수 없다면 멋대로 되라 식으로 말이다. 주체적이지 않았기에 이제 와서 다시 돌아보게 되는 것이다. 아마도 잭은 스스로 선택했기에 후회가 없을 것이다. 이제 앞으로 있을 선택의 순간은 어떻게 임할 것인가.

영화의 마지막이 실제 세계로 돌아가지 않는 판타지 같은 결말이라면 좀 더 낭만적이겠지만 나름 현실과 타협한 듯 원래의 성공한 사장님으로 돌아오면서 〈패밀리맨〉은 끝을 맺는다. 그럼에도 결국 잭은 혼자만의 삶이 아닌 케이트와 함께하는 '우리'를 선택한다. 자존심만 앞세우며 또 한 번 케이트를 보내지 않고 자신의 마음을 따라 선택하는 그의 모습이 인상적이다.

　나에게도 언젠간 선택의 시간이 올 것이다. 이번에는 많은 것을 생각하지 않고 내 스스로 선택을 내리려 한다. 혹 그 선택으로 인해 나쁜 결과가 올 수도 있겠지만 나는 행복할 것이다. 내가 내린 선택의 가치를 이제는 알기 때문이다.

# PART V.

## 또아의 세계

- **개봉** 2020년
- **감독** 데릭 보르테
- **출연** 러셀 크로, 캐런 피스토리어스, 게이브리얼 베이트먼

분노는 그렇게
멈추어지는 것이 아니다

영화 〈언힌지드〉의 주인공 레이첼의 하루는 오늘따라 일진이 좋지 않다. 일어나자마자 이혼 소송 중인 전 남편이 집을 요구한다는 얘기를 듣고, 아들을 학교로 태워다 주는 길에 일터에서 해고 통보까지 받는다. 엎친 데 덮친 격으로 본인 역시 늦잠을 자는 바람에 아들은 학교에 늦기 일보 직전이다. 그런데 하필 그날따라 앞에 서 있는 차(러셀 크로)는 신호가 파란불로 바뀐 지 몇 초가 지나도 출발하지 않는다. 화가 난 나머지 레이첼은 아주 크고 긴 경적으로 분노를 표출한다. 차가 계속 움직이지 않자 그녀는 참다못해 옆 차선으로 핸들을 틀며 그에게 들으라는 듯 다시 한 번 크게 경적을 울린 후 앞차를 추월해 지나가고… 러셀 크로는 결국 보복 운전을 감행하며 레이첼의 주변 사람들을 모두 죽이기 시작한다.

우연히 이 영화를 접했을 때 90분 동안 시계 한 번 보지 않고 집중해서 본 기억이 있다. 영화를 위해 몸무게를 대폭 증량한 러셀 크로의 섬뜩하고 무서운 연기도 한몫했지만, 아무래도 이 영화에 오롯이 집중할 수 있던 이유는 내용이 너무 현실적이기 때문이었다.

요즘엔 화나면 진짜로 사람을 죽인다. '술 먹다 시비 붙어 칼로 찔러 사망', '전 여자 친구가 만나 주지 않아 홧김에 여자 친구 및 부모님 살해', '층간 소음으로 욱해서 살해' 등 분노를 조절하지 못해 사람을 죽였다는 기사가 더 이상 놀랍지 않은 세상이 됐다. 타인과 부딪치는 상황에서 부지기수로 들리는 말도 바뀌었다. "야, 그냥 네가 참아. 그러다가 사이코패스 만나면 진짜 사람 죽인다니까." 똥이 더러워서 피한다는 것은 옛말이고 정말 무서워서 피하게 된 것이다.

현실의 우리가 별다른 해결책 없이 피하고 말듯 〈언힌지드〉도 보복 운전이나 '분노조절장애'가 만연한 사회에 대한 명쾌한 해답을 내려 주지는 않는다. 표면적으로 보면 내가 친구들과 주고받는 대화처럼 "빵빵거릴 땐 사이코패스를 만날지도 모르니 조심하세요!"라고 말하는 데에 그치는 것처럼 보이기도 한다. 하지만 이 영화는 1막에 등장한 한 장면을 통해 우리에게 생각할거리 하나를 던진다.

'그 남자(러셀 크로)'가 본격적으로 보복을 시작하기 전, 레이첼과 그는 다른 교차로에서 다시 한 번 신호 대기를 하며 두 차선에 나란히 멈추게 된다. 이때 그는 레이첼에게 창문을 내리라고 말하며 대화를 시도한다.

**그 남자**　안녕하세요. 친절한 경적도 못 들었네요?

　　　　　(뒷좌석에 있는 레이첼의 아들에게)

　　　　　천천히 울리는 경적이 뭔지 아니, 꼬마야?

　　　　　(가볍고 짧은 경적을 들려주며)

　　　　　이런 소리란다. 가볍고 친근하지.

　　　　　관심을 끌려는 것처럼 말이야.

　　　　　네 엄마도 이런 뜻으로 경적을 울렸을 거다.

　　　　　(레이첼에게)

　　　　　그렇죠? 그런 경적이었죠?

**레이첼**　아닌데요.

**그 남자**　그럼 왜 그랬죠?

**레이첼**　파란불이 켜졌는데 그냥 멈춰 있었잖아요.

**아들**　엄마, 그만해.

**레이첼**　바쁜 사람도 생각해야죠.

**그 남자**　사실 잠깐 멍한 상태였어요. 요즘 힘든 시간을 보냈거든요.

**레이첼**    그런 사람이 한둘인가요.

**아들**    그만해.

**그 남자**    미안합니다. 바쁘신데 방해한 것 같군요.

       사과를 받아 줄 거요?

**레이첼**    좋지요, 그러든가요.

**그 남자**    고맙군요.

       당신도 제게 사과하면 없던 일이 될 겁니다.

       제 말은 그쪽이 그냥 사과하면…

**레이첼**    네, 들었어요.

**그 남자**    그리고요?

**레이첼**    전 사과할 게 없는데요.

**아들**    엄마, 그냥 사과해.

**그 남자**    우리 중 누구도 그게 맞다고 생각 안 할 걸요?

       요즘 세상 돌아가는 방식이 그렇죠.

       누군가에게 사과하는 능력을 잃어버렸어요.

       정말 힘든 날이 뭔지 알긴 알아요?

       곧 알게 될 겁니다. 내 말 들었죠?

_영화 〈언힌지드〉 중

이 장면이 영화에서 중요한 역할을 하는 이유는 이 순간 우리가 영화 속에서 인식하고 있는 가해자와 피해자의 위치가 한번에 치환되기 때문이다. 러셀 크로가 레이첼에게 화해를 제안하며 전달한 대사들은 오히려 피해자나 사건을 평화적으로 해결하고 싶은 사람이 할 법한 대사라는 점에서 잠시나마 레이첼을 가해자로, 러셀 크로를 피해자로 만든다. 보는 이에게 레이첼의 잘못을 상기시키고 러셀 크로에게 어느 정도 감정 이입을 할 수 있을 만한 공간을 주기도 한다. 그러므로 해당 대화가 진행된 시점까지의 일들이 정말 누구의 잘못인지에 대한 판단은 더욱더 상대적인 영역으로 넘어가기 시작한다. 물론 러셀 크로가 이 대화 이후에 저지른 행동들은 그 어떤 이유로도 정당화될 수 없다. 일이 자기 뜻대로 풀리지 않는다고 모두가 사람을 죽이진 않는다.

하지만 "저 시점까지 분노를 제대로 조절하지 못한 사람이 러셀 크로뿐일까?"라고 묻는다면, 이에 대한 대답은 그렇지 않다. 정도만 다를 뿐, 레이첼 또한 일이 자기 뜻대로 풀리지 않은 것에 대한 분노를 앞차에게 쏟아부었다. 그렇기에 이 장면에서 러셀 크로가 한 말들은 아침부터 화가 난 마음을 전혀 상관없는 앞차에 풀어 버린 레이첼이 듣기에 합당한 말처럼 들리거나, '레이첼이 이때 사과만 했더라면…'

하는 안타까움을 자아내기도 한다.

이후부턴 러셀 크로가 본격적으로 사이코패스의 면모를 보이며 살인을 저지르지만, 만약 러셀 크로가 사이코패스가 아니었다면 어떻게 이 싸움을 멈출 수 있었을까? 경우의 수는 여러 가지지만 결론은 상대의 반응과 상관없이 각자가 자신의 분노를 멈추면 모든 게 해결된다. 레이첼이 앞차에 불필요하게 신경질적인 경적을 울리기 전에 주위를 환기시키는 경적을 울렸더라면, 혹은 러셀 크로가 큰 경적을 들었어도 "뒤차가 오늘 급한 일이 있나 보네." 하고 넘어갔더라면, 레이첼이 화가 난 러셀 크로에게 사과했더라면…. 어떤 단계에서든 모두가 자신의 분노를 사그라뜨렸다면 사건은 종결된다.

이 관점에서 본다면 영화는 백만분의 일의 확률로 만날 사이코패스를 조심하는 게 중요한 게 아니라 극단적 요소를 제외한 일반적 상황에서 절대적 가해자를 특정할 수 있는지, 그리고 우리는 이런 상황을 어떻게 해결할 수 있는지 돌아봐야 한다고 말한다. 그리고 영화는 상기 장면을 통해 내 감정에 대한 조절은 타인과의 상호 작용을 통해 기대해야 하는 결과가 아니라, 외부 자극의 영향과 무관하게 스스로의 내면에서 절대적으로 함양해야 하는 태도이며, 그것만이

근본적인 해결책이라는 메시지를 던진다. "네가 사과를 안해서 내가 그런 거야."라거나 "네가 빨리 가야 내가 화를 안내지."라며 타인에게 내 행동에 대한 책임을 물어서는 안 된다고 말이다. 상대의 반응으로 내 행동을 결정하는 일이 많아지면 〈언힌지드〉처럼 양쪽 다 파국을 면할 수 없게 된다.

갈수록 작은 일에도 쉽게 화를 내는 사람이 많아지는 건 우리의 삶을 깊숙이 파고든 일종의 문화 현상이라고 봐도 될 만큼 흔한 일이다. "남이 먼저 잘해야 나도 잘한다."의 기조가 팽배하다. 부끄럽지만 이런 현상의 대표적인 일례는 바로 나다. 운전을 시작하면 모두 분노조절장애가 된다고 하더니 정말이었다. 난 내가 좀 더 괜찮은 (그러니까 보다 상식적이고 여유롭고 우아한) 사람인 줄 알았는데 나도 아주 또~옥 같이 분노조절장애를 갖고 있었다. 물론 누군가가 1초도 못참고 빵빵대는 소리를 '극혐'하는 나는 경적을 잘 울리진 않는다. 하지만 그렇다고 내가 부처인 건 아니다. 누가 심히 빵빵대면 "아우 시발, 그래, 간다 가. 간다고! 1초도 못 참나." 라고 운전석에서 소심하게 욱하는 사람이 나니까.

창문 열고 한마디 쏘아붙인 적이 딱 한 번 있다. 운전을 하다 보면 차선이 거의 45도 이상 확 바뀌는 구간이 있는데, 옆 차선의 운전자가 차선을 제대로 보지 못해 거의 내 차를

박을 뻔했기 때문이다. 웃긴 건 자기가 잘못한 것도 모르고 클랙슨을 길게 울리더니 창문을 열어 벌게진 얼굴로 나에게 "운전 똑바로 해!"라며 소리 지르는 게 아닌가? 나도 창문 열고 "아저씨, 그 쪽이 차선 넘었거든요?!" 했다. 그 상황이 너무 황당해서 그 사람이 한 번만 더 도발하면 웬만하면 싸울 일 안 만드는 나도 불같이 싸울 수 있겠다 싶었다.

하지만 시간이 지나고 나면 상대방이 불같이 달려들었다고 고스란히 맞불을 놓은 내 모습이 한심하게 플래시백되기도 한다. '타인의 분노를 흡수해서 내 것으로 만들지 않는 힘을 키우면 애초에 무엇이든 거슬릴 일이 없을 텐데…' 하는 후회에서다. "우이씨, 저 또라이가!"라는 말이 절로 나오다가도 앞차의 비상등 깜빡이 하나에 마음이 사르르 녹아 "그래, 그럴 수도 있지. 세상은 아직 살 만해!" 하는 나 자신을 볼 때도 부끄러움이 고개를 내민다. 늘 남이 먼저 잘해야 괜찮아지는 내 자신을 보며 난 정말 아직도 멀었구나 싶었다.

우리는 늘 누군가가 먼저 비상등 깜빡이를 켜 주길 바라지만 그걸 켜는 누군가는 '나'부터 시작이라는 마음으로 그 깜빡이를 누른다. 그 깜빡이를 받은 사람의 입장에선 타인이 세상을 바꾸어 준 것처럼 보이지만, 상황은 언제나 '나'부터라고 생각한 사람의 주체적 실천 덕분에 변한다. 〈언힌지드〉에서 보았듯 타인을 통해 기대하는 좋은 세상, 타인을 통해 기대하는 평화는 오지 않는다. 분노는 그렇게 멈추어지는 것이 아니다. 분노는 외부 자극과 상관없이 절대적으로 나의 내면과의 대화를 통해 스스로 다스려야 하는 일이다.

　운전을 하다 분노에 타오르는 나 자신이 갑자기 제3자의 관찰자 시점으로 보일 때가 있다. 난 그럴 때 종종 이 영화를 떠올리곤 한다. 따뜻한 마음을 흉내 낼 수 있는 영화는 아니지만, '내가 여유를 가지면 오늘 하루 무서운 결말은 멈출 수 있겠지'라고 생각하면서.

- **개봉** 2020년
- **감독** 제임스 리드, 피파 에를리히
- **출연** 크레이그 포스터, 톰 포스터

학부 졸업이 얼마 남지 않았을 때 미국에서는 졸업식을 'commencement(시작)'라고 부른다는 걸 듣고 무릎을 탁 쳤다. '그거 참 맞는 말이구나.'라고 느꼈기 때문이다. 4년간의 여정을 마친다는 것에 초점을 둔다면 졸업은 지난 시간을 매듭짓는 '끝'이지만, 내 앞에 펼쳐진 시간을 바라본다면 그것은 분명 새로운 '시작'이었다.

내가 영화를 좋아하는 이유도 한정된 시간의 끝이 무한한 시작을 창조하기 때문은 아닐까 생각했다. 120분의 시간이 지나 영화의 엔딩 크레딧이 올라갈 때, 많은 사람에게 진짜 이야기는 여기서부터 시작된다. 영화가 전달하려는 이야기는 끝이 났으나, 그것이 우리 삶이라는 흙 속으로 들어가 영양분을 먹고 어떤 꽃을 피울지 알 수 없기 때문이다. 무한한 가능성이 존재한다고나 할까. 그것은 평소 잊고 살았던 어떤 감정의 재탄생일 수도 있고, 절대 이해할 수 없을 것 같았던 타인을 향한 인정일 수도 있으며, 불꽃같이 타오르는 어떤 꿈의 시작, 혹은 삶을 대하는 내 태도 전반에 관한 변화일 수도 있다. 이렇듯 영화는 끝나는 순간, 내가 세상을 바라보는 시각에 균열을 내며 나에게 질문을 건넨다. "넌 뭘 느꼈어? 너 이렇게도 생각해 봤어? 만약 이런 상황이 닥친다면 넌 어떻게 할 건데? 그렇다면 네가 하고 싶은 건 무엇이니? 너의 삶은 어떠니? 그럼 어떻게 바꿀 거니?" 영화 〈나의 문어 선생님〉은 나에게 이 모든 질문을 던지고 내 삶의 지평선을 넓혀 준 작품이다.

〈나의 문어 선생님〉의 주인공 크레이그 포스터는 인생에 회의를 느끼며 큰 슬럼프를 겪는다. 영화감독이었던 그는 슬럼프를 극복하기 위해 고군분투하다 20년 전 아프리카 대륙 칼라하리 지역에서 만난 '마스터 사냥꾼'들을 기억해 낸다. 물질적으로 풍족함을 누리고 있던 사람들은 아니지만, 그 누구보다 자연을 잘 아는 전문가. 그들은 자연과 함께하는 삶을 통해 온몸에 새겨진 오감과 통찰력으로 세상을 이해하고 해석하는 사람들이었다.

우울의 늪에서 빠져나오려면 자신이 태어난 곳이자 돌아갈 곳인 자연을 이해하는 것만이 해답임을 깨달은 주인공은 유년 시절을 보냈던 대서양으로 돌아가 바다 근처에 터를 잡는다. 그러던 어느 날, 해초 숲을 수영하던 주인공은 그곳에서 한 문어를 발견하고는 그 문어와 친구가 된다.

나는 채식을 하고 있음에도 불구하고 〈나의 문어 선생님〉을 보기 전까지 문어가 이렇게 지능이 뛰어난 생명체인지 몰랐다. 문어는 주변 바다 생명체들과 장난을 치기도 하고 자신에게 닥친 위험을 기가 막히게 감지하는 능력을 가지고 있었다. 자신을 위협할 만한 상위 포식자를 감지하면 온몸에 각종 조개껍데기를 모아 붙이는 위장술까지 할 줄 알았다. 문어는 매일같이 자신을 찾아오는 주인공을 경계하다가도, 이 사람이 자신을 해치지 않을 것을 알자 긴 다리를 뻗어 빨판 하나하나가 주인공의 손에 닿는 것을 느끼며 그를 천천히 탐험하기 시작했다. 나중엔 주인공의 가슴팍에 찰싹 붙어 올라가서 장난을 치기도 했다.


'나와 같이 생각과 감정이 있는 생명체를 섭취해 가며 나의 생명을 유지하지 않겠다'는 마음으로 시작한 채식인데, 아직도 육지 동물을 먹지 않는 것으로 채식의 범위를 제한하고 있는 스스로가 부끄러워지는 장면들이었다. 인간과 친숙하다는 이유로 소, 돼지, 닭에게만 더 많은 마음을 내어 준

내가 편협하게 느껴지기까지 했다. 육식인들이 "쯧, 고기 안 먹으면 놓치고 사는 게 너무 많은데!"라고 했을 때 속으로 비웃은 나 자신이 위선적이라는 생각도 들었다. 그러는 나조차도 물고기를 나와 교감할 수 있는 생명체의 범주에 포함하지 않음으로써 놓친 세계가 얼마나 많았을까?

영화를 두 번째 봤을 때는 보다 근본적인 질문에 다다랐다. 나는 종차별주의자가 되지 않기 위해 채식을 지향했지만, 내가 그들을 먹지 않음으로써 그들에게 살 권리를 주겠다는 특권 의식 자체가 내가 여전히 그들보다 권력자임을 증명한다는 생각이 들기 시작한 것이다. 누군가를 고통에서 구원한다고 해서 그것이 꼭 교감 가능하거나 동등한 관계를 의미하는 것은 아니었다. 인간이 가하는 폭력을 넘어서 그들을 나와 교류할 수 있는 어떤 상대로 인식하는 작업이 필요했다. 모든 관계의 중심이 인간인 세계가 아닌 '탈인간 중심' 할 수 있는 우주. 이 영화가 나에게 가르쳐 준 것은 바로 이것이었다. 그리고 어쩌면, 이게 종차별을 끝내는 또 다른 시작일 수도 있겠다고 생각했다.

주인공은 문어를 선생님이라 불렀지만, 나에겐 주인공 역시 또 한 명의 선생님이나 다름없었다. 그가 문어와 관계 맺는 방식이 매우 인상 깊었기 때문이다. 문어가 자신을 공격하는 상어를 만나 다리를 뜯겨 생명의 위협을 받게 된 날, 주인공은 그것을 고스란히 카메라로 담았다. '자신이 사랑하는 문어가 죽을지도 모르는데, 주인공은 어떻게 카메라를 내려놓지 않을 수 있었을까? 어떻게 개입하지 않을 수 있었을까?' 나는 이것이야말로 진정한 사랑이라고 생각했다.

나는 주인공의 선택을 통해 내가 사랑이라 여겼던 관계들을 되돌아보았다. 나는 사랑할 때 툭하면 소유하고 싶어 했다. 상대방을 내 세계로 옮겨오거나 통제하고 싶었다. 옛날엔 4년이라는 긴 시간을 만났던 전 남자 친구를 나와 같은 사람으로 만들고 싶어서 독후감을 쓰게 시키고, 못 마시는 술도 자주 먹이고, 춤을 좋아하는 나를 따라 클럽에도 데려갔다. (최악이다.) 그는 내가 무슨 제안을 하면 "오, 좋은데?" 하며 오버 액션으로 받아 주곤 했지만, 속으로 그렇지 않았을 때도 많았을 것이다.

남자 친구뿐일까. 난 아직도 엄마에게 작은 폭군처럼 행세한다. 몇 세대나 차이 나는 엄마에게 남자 친구처럼 같은 세계를 공유하고자 하는 욕심을 부리진 않았지만, 난 당신이 항상 내 뜻대로 통제되길 바랐다. 최근엔 펑퍼짐한 바지를 입고 거울을 보는 엄마에게 기어코 똑같은 잔소리를 하고 말았다. "엄마, 펑퍼짐한 바지 입지 말라니까? 엄마 엉덩이 아무도 안 봐. 그리고 그거 입으면 더 납작해 보이지. 엄마 같은 체형은 좀 더 붙는 바지를 입어야 잘 어울린다고."
내가 생각하기엔 아무리 봐도 좀 더 타이트한 하의를 입어야 잘 어울리는데, 엄마는 자기 엉덩이가 볼품없고 납작하다며 뒷모습이 어떻게 보이는지에 대해 자주 걱정했다. 내가 보기엔 그 바지만 안 입으면 해결되는데! 왜 그걸 못해서! 짜증을 내고 화를 냈다. 상대를 걱정하거나 응원하는 마음이라 하더라도 상대를 통제하면 안 되는데, 난 자주 실패하고 자주 좌절했다.

〈나의 문어 선생님〉의 주인공을 보며 사실 사랑은 이제껏 내가 하던 것과 완전 반대가 아닐까 생각했다. 사랑은 소유하고 싶어 하는 마음이 아니라, 타인을 그만의 우주에 놓아주며 통제하려 하지 않는 마음이었다. 너무 좋아서 나의 세계로 끌고 오고 싶은 욕망이 생겨도, 그 욕망을 기꺼이 포기할 줄 아는 것이었다. 만약 주인공이 카메라를 내동댕이친 채 상어를 무찌르고 다친 문어를 구해 줬다면 어떻게 됐을까? 나 같으면 문어가 죽을까 봐 덜컥 겁이 나서 바로 문어를 구해 줬을지도 모른다. 주인공이 나와 같았다면 문어가 순간적으로 죽음의 위기를 모면했을 순 있겠지만, 문어가 평생을 살아왔고 또 앞으로 살아갈 바다 속 생태계에는 교

란이 왔을 수도 있다. 추후 주인공이 없을 때 스스로 위기를
모면할 능력을 상실했을지도 모른다.

　주인공의 마음을 통해 한때는 이해하지 못했던 한 생태학
선생님의 말씀이 떠올랐다. "예쁜 것과 아름다운 것의 차이
가 무엇인지 아시나요? 예쁜 것은 소유하고 통제하고 싶은
것이고, 아름다운 것은 조화롭게 있는 그대로 놔두고 싶은
것이랍니다. 자연을 보세요. 우리는 자연을 보면 갖고 싶다
는 마음보단 그대로 보고 싶잖아요. 자연을 예쁘다 하지 않
고 아름답다고 하는 것도 바로 그 이유랍니다." 사랑을 예쁘
다고 하지 않고 아름답다고 하는 이유도 여기에 있지 않을
까. 내가 주인공의 마음에서 사랑의 아름다움을 느꼈던 것
도 아마 같은 이유였을 것이다.

　영화는 끝났지만, 이 영화가 나에게 남긴 이야기는 아직
도 많은 질문과 시작을 만들고 있다.

아워 프렌드 | Our Friend

– **개봉** 2019년

– **감독** 가브리엘라 카우퍼스웨이트

– **출연** 캐이시 애플렉, 다코타 존슨, 제이슨 시걸

# 내일도
## 오늘과 같은 마음으로

우리 아빠는 그 4인실에 세 번째로 들어간 사람이었다. 아빠가 4인실로 자리를 옮기게 된 것은 원래 있던 6인실 병동에 갑자기 결핵 감염 환자가 들어와서다. 그 환자는 할아버지였는데 몰골은 거의 노숙자 수준에 가족도 지인도 없이 혼자 들어온 무연고자였다. 엄마는 할아버지를 보고서 양말도 갖다 주고, 먹을 것도 갖다 주고, 병원에 우리가 밥값을 낼 테니 할아버지 밥 좀 내어 달라고 말했다. 직접 만든 동치미를 갖다 주니 할아버지는 "안 그래도 동치미는 먹고 싶었지요." 했다.

우리 맞은편에 있던 아저씨는 햇수로 벌써 8년째 대장암 투병 중이었다. 배에 관을 세 개나 꼽고 있는 데다 큰 병원에서는 더 이상 손쓸 수 없으니 호스피스에 가라고 했는데, 우연히 여기까지 오게 됐단다. 자리에서 움직인 지 벌써 3개월이 다 되어 간다고 했다. 아저씨의 얼굴은 커튼에 가려 보지 못했지만, 살짝살짝 보이던 보호자 아주머니의 얼굴이 생각보다 밝았다. 아빠가 아프고 나서 알게 된 건 투병하는 환자의 가족이 밝고 씩씩해 보이는 경우, 대개 환자의 투병 기간이 길다는 것이었다. 이미 충격, 슬픔, 좌절, 공포와 같은 감정은 몸속으로 녹아들어 간 지 오래다. 시간이 지나면 이런 것도 다 익숙해져서 화장도 하고, 웃긴 것도 보고, 친구도 만난다. 반쯤 혼이 나간 것 같은 사람을 보면 '아, 이제 막 투병을 시작했구나' 하고 느낌으로 안다. 오늘은 이 아저씨의 딸이 병문안을 왔는데, 누워서 핸드폰을 하더니 아빠를 옆에 두고 보호자 침대에서 쿨쿨 잤다.

우리 엄마가 가장 친하게 지내던 가족은 꿀꽈배기 아저씨네다. 아저씨가 꿀꽈배기를 너무 좋아해서 그렇게 불렀다. 아저씨네 가족은 오래전에 미국으로 이민 갔지만, 폐암 진단을 받고 한국으로 돌아와 줄곧 병원에 있었다고 했다. 암 환자에게 가장 치명적인 게 단 음식인 걸 아는지 모르는지—아마 나보다도 잘 알고 있었겠지만—아저씨는 내가 병원에 갈 때마다 행복한 얼굴로 꿀꽈배기를 먹고, 마치 평생을 건강하게 살다 갈 사람처럼 웃고 떠들었다.

아빠가 4인실 방에 들어온 지 3일째, 대각선에 있던 아저씨가 갑자기 죽었다. 4인실에 들어올 때부터 곁눈질로 본 그 아저씨의 몸은 거의 타들어 간 것처럼 까맸다. 눈도 제대로 못 뜨고, 말도 제대로 못하고, 몸도 제대로 못 가누는 것 같 았다. "엄마, 저 아저씨는 상황이 정말 심각한가 봐. 너무 안 됐다…" 했는데 그다음 날 저녁에 엄마한테 톡이 왔다. "우 리 대각선에 있는 아저씨, 지금 돌아가셨어. 갑자기 사람들 보고 다 나가 있으라고 해서 기도실 갔다 왔는데, 너무 무서 워. 오 주님."

사실 조금 궁금했었다. 환자가 병원에 있다가 위독해지면 그 사람은 어떻게 죽음을 맞이할까? 갑자기 환자가 죽을 것 같으면 부산스럽게 1인실로 옮긴다거나, 아니면 죽음을 맞 이하도록 해 주는 공간이 따로 있을까? 사람이 통곡하는 게 다 들릴 텐데 옆에선 어떻게 할까? 결국 방법이라곤 같은 병 실을 쓰는 사람들에게 잠깐 나가 있으라고 하는 게 다였다. 그렇게 며칠 후 그 자리엔 새로운 환자가 들어왔고, 우리도 아무 일 없었다는 듯 지냈다.

죽음을 앞두고도 삶은 가감 없이 재생된다. 끝이 보인다 고 해서 다른 노래가 재생되는 일은 없다. 우리는 여전히 똑 같은 TV 프로그램을 보고 평소 같이 소장용 영화를 구매한 다. '어떻게 죽음이 코앞인데 이렇게 사소한 걸로 싸우지' 싶 을 만한 것들과 부딪치고, 그것으로 인해 상처받고 돌아서면 다시 한 밥상에 앉아 밥을 먹는다. 그러다가 웃긴 일이 터지면 누가 그랬냐는 듯이 다 같이 입술을 씰룩이기도 한다. 그래서 내가 직접 목도한 죽음은 쥐뿔도 특별하지 않았다. 죽음을 향해 가던 한 인간의 여정도, 죽음 그 자체도. 오히려 특별한 게 있다면 죽음 앞에서도 나와 우리의 일상은 흘러 간다는 것, 그뿐이었다.

그즈음 난 많은 영화에서 그리는 시한부 환자의 이야기에 조금 질려 있었다. 영화에서 보여 주는 환자와 그들의 죽음은 영화적 세계에서만 가능한 아름다움인 것처럼 느껴졌기 때문이다. 죽음이 임박하면 모든 것이 올 스톱할 것 같지만 그렇지 않은 현실에 대해서, 원하든 원치 않든 꾸역꾸역 굴러가는 일상에 대해서, 생각보다 아름답지만은 않은 그 마지막에 대해서 얘기해 주는 영화를 만나길 바랐다.

영화 〈아워 프렌드〉는 그런 나에게 나타난 진짜 이야기였다. 모두에게 최고가 될 순 없어도 누군가에게 용기와 위로가 될 것이라고 확신할 수 있는 세계. 나를 납작하게 만들지도, 나의 현실을 비현실로 만들지도 않는 세계. 그 세계가 바로 여기 들어 있었다.

영화는 대장암 말기에 걸린 주인공 니콜(다코타 존슨)과 남편 매튜(케이시 애플렉), 그리고 그들의 친구 데인(제이슨 시걸)의 이야기를 시간 순서를 섞어가며 그린다. 진단 2년 전, 진단 2년 후, 진단 1년 전, 진단 당일… 시간이 섞여 있는 덕분에 다른 이야기처럼 행복하던 가족이 갑작스럽게 재앙을 맞이하는 뻔한 기승전결이 없다. 오히려 진단 전후의 삶이 크게 다르지 않다는 걸 우리는 영화 내내 경험으로 확인한다. 그들에게도 드라마틱한 순간이 많이 있었겠지만(있어야만 할 것이다.), 이 영화는 우리에게 소개할 수 있는 다양한 선택지 중 여태 보여지지 않았던 '일상'을 보여 주기로 선택한다. 크게 반짝이거나 깨지는 것에 현혹되지 않고, 끝끝내 주인공의 일상과 그를 지킨 사람들에게 시선이 머문다.

　그래서 〈아워 프렌드〉에서는 누구 하나 아주 크게 슬퍼하거나 새로운 사람으로 회개하지 않는다. 소위 말기 암 진단을 받고 모두가 엉엉 운다든가, 환자가 세상을 떠나는 마지막 순간에 온 가족이 둘러앉아 환자에게 한마디씩 건네는 아름다운 장면도 찾아볼 수 없다. 기상천외한 버킷 리스트를 생각하지도 않고 갑자기 모든 것을 뒤로 한 채 홀쩍 떠나지도 않는다. 니콜과 매튜는 이전처럼 평생을 같이 살 것 같이 싸우고, 뒤돌아서는 다시 아이에게 동화책을 읽어 주고 식사 준비에 바쁜 하루를 보낸다. 친구들과 게임을 하기도 하고, 맛있는 음식을 먹기도 한다.

친구 데인은 그들의 또 다른 보호자가 되기 위해 자신의 일상을 뒤로한 채 니콜과 매튜의 집으로 들어오지만, 이는 어떤 대단한 손길을 건네기 위해서가 아니라 또 다른 일상을 유지하기 위함이었다. 영화의 제목이 〈니콜 앤 매튜(Nicole and Matthew)〉가 아닌 〈아워 프렌드(Our Friend)〉인 것을 보면 친구 데인이 영화 속에서 아주 특별하고 중추적인 역할을 할 것 같지만, 그 모습이 두드러지지 않는 게 바로 이 영화의 역설적인 특별함은 아닐까 생각한다. 그가 특별한 일을 하지 않았기에 니콜과 매튜의 삶이 이전과 비슷하게 유지될 수 있었기 때문이다. 그는 매튜의 손이 부족할 때마다 빨래를 하고 설거지를 했으며 아이들과 기꺼이 친구가 되어 주었다. 데인은 그들이 가장 원하는 게 '별일' 없이 변하지 않는 일상이라는 걸 알았다.

데인은 자칫하면 죽음 앞에 납작하게 비춰질 수 있는 일상의 스펙트럼을 유지하는 역할을 하기도 한다. 똥을 누고 있는 매튜의 목소리("야, 나 똥 누고 있다니까!")가 잘 들리지 않자 혹시라도 무슨 일이 생겼나 싶어 아예 문을 부숴버리는 데인의 모습은 죽음을 앞에 두고도 피식 혹은 푸하하 웃을 일이 있다는 것을 알려준다. 죽음과 가까이 사는 사람들의 일상이 어둠으로만 점철되지 않는다는 걸 친구의 눈으로 너무 가깝거나 멀지 않게 보여 주는 것이다. 영화의 공식 장르가 드라마이자 코미디인 이유도 여기에 있다. 데인은 자신의 존재 자체로 영화 내내 이것을 증명한다.

나는 일상이 '흘러간다'고 표현했지만 이들에게 일상은 그저 '흘러가는' 게 아님을 알고 있기에, 이 영화의 주인공들이 더 존엄하게 느껴지곤 한다. 우리 아빠도 마찬가지였다. 언제 어떻게 될지 모르던 우리 아빠는 그 와중에도 밥 먹는 내 모습이 귀여워 소년같이 웃었고, 가끔은 동생의 대학 졸업식에 가고 싶어 했으며, 엄마와 싸우다 곧바로 미안하다고 사과했다. 그렇게 계속 내일이 이어질 것처럼 지냈다. 나는 그게 삶을 중단하지 않겠다는 끊임없는 용기와 어떤 의지에서 나오는 존엄이라는 것을 뒤늦게 깨달았다.

"방금 저게 니콜의 마지막 숨인 것 같아요."

의자에서 새우잠을 자다 깬 매튜는 방문 간호사가 하는 말을 들었다. 일상적인 죽음. 〈아워 프렌드〉의 원작 에세이를 쓴 실존 인물인 매튜가 한 말이다.

죽음은 그 과정만큼이나 항상 준비 없이 찾아온다. 우리는 누군가가 2022년 10월 15일에 죽을 겁니다, 라고 전달

받는 대신 핸드폰을 하다 지인의 부고를 듣고, 졸다가 사랑하는 이의 마지막 숨을 느끼기도 한다. 영화 속 매튜도, 우리 아빠를 지켜본 나도 예외는 아니었다. 어쩌면 죽음이 일상적이라는 말은 아이러니하고 아득한 말이 아니라, 너무나 가깝고 당연한 것인지도 모른다. 우리는 모두 철저한 준비 없이 일상을 맞이하기 때문이다. 죽음도 크게 다르지 않을 것이다. 죽음은 그 과정도, 그 순간도 늘 일상과 함께 있다.

영화 〈아워 프렌드〉도 큰 통곡 하나 없이 잔잔하게 흐르다 참 시시하게 끝난다. 하지만 난 그게 죽음을 거쳐 간 수많은 사람들의 마지막과 닮아 있는 얼굴임을 안다. 영화가 끝날 때마다 엔딩 크레딧과 함께했던 많고 많은 다짐들이 떠오른다. 하지만 이번만큼은 시한부 환자도 이렇게 일상을 바라는데 더 열심히 살아야지 하는 값싼 자위는 하지 않기로 한다. 우리 아빠가 그랬고, 이름 모를 동치미 할아버지와 꿀꽈배기 아저씨, 그리고 영화 속 니콜과 매튜, 데인이 그랬듯이 그저 일상을 영위하고자 하는 인간의 존엄만을 유지하기로, 나는 오늘도 생각한다.

와일드 | Wild

– **개봉** 2015년

– **감독** 장마르크 발레

– **출연** 리스 위더스푼, 로라 던, 토마스 새도스키

언젠가 '구린 나'를
온전히 인정하겠지

   나는 나 자신이 구리다고 생각한 지 꽤 됐다. 인생의 시기마다 이 생각이 아주 심할 때가 있었는데, 그럴 땐 술자리에서 자신의 인생에 대해 한탄하는 친구들에게 이렇게 외치고 싶은 수준이었다. "얘들아, '구린 나 자랑하기' 대회가 있다면 내가 1등이야." 물론 실제로는 부끄러워서 이조차 아무에게도 말하지 못했다는 게 나에 대해 방금 추가된 또 다른 구린 점이다.

   내가 나를 구리다고 생각하는 이유를 생각하니 너무 많은 사건 사고가 떠오르고, 바꿀 수 없는 과거를 반추했던 새벽의 시간들이 내 머릿속을 무겁게 헤집고 간다. 1,082개쯤 되는 내 인생의 꼬질꼬질한 스토리는 말해 봐야 한도 끝도 없겠지만, 나도 면이란 게 있으니 인간답고 사회생활이 지속 가능할 만큼만 얘기해 보는 것으로 하자.

   난 정말이지 멋진 사람이 되고 싶었다. 그냥 누가 봐도 멋이 나는 사람. 대학교에 가기 전까지는 '멋지다'는 단어가 나에게 어느 정도 유효한 말이라고 생각했다. 고등학교 시절 넓은 세상에 대한 원대한 꿈을 꾸고 유학 준비를 한 나 자신이 대견했다. 난 '유효한 SAT(미국 대학수학능력시험) 성적만 있으면 누구든 미국 대학에 지원할 수 있다'는 인터넷 정보 하나에 의지해 한국 수능 대신 과감히 미국 수능을 준비한 용기 있는 학생이었다. 빛난다고 생각했다. 당시 한국과는 달리 특별 활동이 미국 입시에 매우 중요했던 탓에 반장 같은 리더를 도맡아 했고, 학교에 없던 동아리까지 신설하여 동아리 기장도 맡았다. 각종 봉사 활동 및 난민 NGO에서도 활동하며 참 열심히 살았다. 내신 성적은 당연히 전교에서 상위권을 유지했고, 미국 학생들을 상대로 경쟁한 SAT에서도 전미 상위 1퍼센트에 해당하는 점수를 받아 당당히 사립 명문 대학교에 입학했다. 당시 얼마나 열심히 노력했냐면, 책상에 앉아 있다가 너무 피곤해서 깜빡 졸았는데 일어나 보니 책에 그때 외우던 SAT 단어가 꼬불꼬불 적혀 있었다. 무의식 상태에서도 손을 움직여 가며 공부한 것이다.

그때까지만 해도 난 내 인생의 전성기가 20대 초반에 끝날 줄은 몰랐다. 학교에 입학하니 앞뒤 양옆 그 어디를 봐도 나보다 잘난 사람밖에 없었다. 능력이 달라서가 아니었다.

능력은 비슷했으나, 여유 있는 환경에 놓여 있는 게 너무나 당연한 그들의 태도가 가장 큰 차이였다. 어렸을 때부터 부유한 환경에서 자란 미국 친구들, 중·고등학교 때부터 사립 보딩 스쿨을 다니며 유학했던 여유로운 한국 친구들…. 그들은 자연스럽게 의사·검사·대통령·CEO·창업가 같은 꿈을 꾸었고, 그렇게 쭉 살면 그만인 것처럼 보였다. 반면 난 늘 잡생각에 사로잡혀 있는 잡초 같았다. '아빠가 힘들게 겨우겨우 준비해 준 학비인데 여기서 망치면 어떡하지?', '난 졸업하고 뭘 해야 하지?', '내가 하고 싶은 건 돈을 잘 버는 일이 아닌데 어떡하지?', '부모님 노후 준비도 도와드려야 하는데 어떡하지?' 등등…. 여유로운 친구들의 뒤꽁무니를 쫓느라 없는 시간에 아르바이트까지 하며 전전긍긍한 적도 있었다. 사실 이것도 핑계라는 것이 제일 구린 포인트인데, 나와 비슷하거나 나보다 더 안 좋은 처지에 있던 소수의 친구들은 모두 한길로 정진하여 그럴싸한 삶을 살고 있기 때문이다. 반면 난 늘 잡생각에 사로잡혀 하라는 공부도 100퍼센트 안 해, 죄책감 때문에 100퍼센트 놀지도 못해… 가장 공부 잘하는 사람도, 그렇다고 가장 잘 노는 일인자도 되지 못한 채 나의 20대 청춘을 어정쩡하게 보내 버리고 마는 '똥멍청이'가 됐다.

그 후의 나는 어떻게 됐을까? 결론부터 말하자면, 난 지인의 제안으로 운 좋게 합류하게 된 팟캐스트에서 운 좋게 기회를 얻어, 없는 실력을 쥐어 짜내며 글을 쓰는 평범한 직장인이 되었다. 미국에서 가장 똑똑한 사람만 모인다는 월스트리트나 할리우드에 입성하여 자서전을 내는 유명한 사람도 되지 못했다.

반짝이던 10년 전의 나와 지금의 나 사이에 존재하는 길고 긴 시간 동안 같은 생각만 했다. '이건 내가 좋아하던 내 모습이 아냐.' 천재적 재능이 없으면 노력이라도 해야 하는데, 그렇게 하지 못한 모습에서 누적된 일종의 우울감이었다. '고등학교 때 그렇게 열심히 해서 이뤄낸 게 있는데 어떻게든 되겠지.' 젠체하며 나 자신에게 걸었던 최면은 당연히 아무 효과도 없었고, 영광스러웠던 과거에 기생하며 살던 나는 눈앞에 있던 많은 기회를 놓치곤 했다. 오늘은 다르게 살아보자 다짐하다가도, 퇴근만 하면 에너지가 쫄딱 떨어져 누워서 핸드폰만 보는 잉여 인간이 됐다. "야, 너는 네가 공부한 거랑 학벌이 아깝지도 않냐? 나 같으면 그렇게 안 산다!" 맨날 누워만 있는 나를 본 동생이 말했다. "야, 직장인이 퇴근하고 다른 거 하는 게 쉬운 줄 아냐? 존나 피곤하거든?" 동생에게 발끈해서 반박했지만 그런 말을 하는 내가 너무 구렸다. 너무 구려서 아무에게도 들키고 싶지 않았다.

이런 내가 영화 〈와일드〉를 좋아하는 건 이상하게 느껴질 만한 일은 아니다. 인정하고 싶지 않은 내 모습을 데리고 산 지 주인공 셰릴 스트레이드 만큼이나 오래됐으니까. 물론 그녀가 불우한 유년 시절을 딛고 새로운 인생을 기대할 때 마주한 엄마의 죽음, 그리고 거기에서부터 시작된 그녀의 파괴적 삶은 내가 만난 인생의 어떤 굴곡들과는 사뭇 다른 경중을 가지고 있을지 모른다. 하지만 난 이 세상에서 내가 날 가장 싫어할 때 느끼는 혐오감이 뭔지 알았다.

PCT(Pacific Crest Trail) 코스를 걷고 있던 셰릴 스트레이드는 영화의 첫 장면에서 까매진 오른쪽 엄지발톱을 뽑아 버린다. 긴 시간 발가락 끝에 붙어 자신을 고통스럽게 했던 발톱이기에 이를 악물고 뽑아내지만, 그 순간 신발 한 짝은 절벽 아래로 굴러떨어지고 만다. 마치 인생에 아주 미세한 후련함도 허용하지 않겠다는 악마의 속삭임처럼…. 4,000킬로미터가 넘는 길을 앞에 둔 그녀에게 신발은 거의 목숨과도 같았을 것이다. 하지만 거기서 그녀는 남은 신발 한 짝마저 손수 던져버리며 분노의 괴성을 지른다. "Fuck you!!!"

나 자신만 아는 어떤 누적된 비겁함과 불성실함. 그 모든 게 잘못됐다는 걸 인지하고 있으면서 그 상황을 벗어나지 못하고, 말 그대로 너무 평범하다 못해 구려진 내 모습을 이겨 보려다 서러운 분노에 휩싸인 순간. 신발 한 짝이 절벽 아래로 떨어졌을 때, 내가 셰릴이어도 그렇게 하지 않았을까. 아마 나라면 남은 신발 한 짝을 던지는 것도 모자라 그 험한 돌길을 맨발로 걸으며 피를 철철 흘렸을지도 모른다. "내 신발을 이따위로 되게 만들어? 그래 좋아, 내가 이 정도로 굴복할 것 같아? 어디 얼마나 일이 꼬일 수 있나 보라지…" 눈물을 뚝뚝 흘리며 나 자신에 대한 화가 풀릴 때까지 걷고 또 걸었을 것이다. 셰릴 스트레이드가 그 순간 느낀 분노는 세상에서 가장 마주하기 싫은 나의 모습을 봤을 때 내가 느낀 감정과 동일한 무엇이었다.

하지만 영화 첫 장면에서의 셰릴 스트레이드는 그녀가 PCT에 있다는 점에서 본질적으로 나와 다르게 분류된다. 셰릴 스트레이드는 본래 구질구질해진 자신의 삶을 온몸으로 거부하며 살았다. 어쩌다 가게 된 심리 상담 센터에서는 상담사에게 "난 (헤로인을 하고 섹스를 할 때마다) 행복하거든요."라고 자위한 채 자리를 박차고 뛰쳐나왔으며, 자신의 외도를 목격한 남편에겐 오히려 적반하장의 반응을 보이기도 했다. 그런 셰릴 스트레이드는 원나잇으로 원치 않은 임신을 하게 되자 차 안에서 친구에게 다음과 같이 말한다.

"어쩌다 이런 쓰레기가 됐나 몰라. 난 강하고… 책임감 있고, 꿈도 있었어. 좋은 애였잖아. 결혼 생활을 망치더니 인생까지 망치고, 그 상점으로 돌아가야겠어. 엄마가 자랑스러워하던 딸로 돌아갈 거야."

셰릴 스트레이드가 4,300킬로미터에 달하는 트레일 코스인 PCT에 갈 수 있던 결정적 이유는, 눈이 세차게 오는 날 차 안에서 한 이 초라한 고백 덕분이었다. 스스로 부끄럽지 않은 삶을 살기 위해 노력했던 과거의 셰릴과 현재의 셰릴 사이에 존재했던 파괴적 시간들. 견딜 수 없을 만큼 인정하기 싫었던 그 시간조차 자기 자신임을 인정하는 순간 그녀는 원래의 셰릴로 돌아가는 길을 찾았던 것이다.

나는 나를 있는 그대로 인정할 수 있을까. 어제는 하지 못했으니 오늘 새로운 해가 뜨면 가능할까. 나는 타인에게 인정받는 삶이 허구라고 느끼는 만큼 내가 나를 인정하는 일도 허구에 가까운 일처럼 느껴졌다. 내가 생각보다 별로인 사람임을 인정하는 게 어쩐지 스스로 큰 어둠을 먹는 일인 것 같았다. 마음 깊숙한 곳엔 그게 어둠이 아닌 빛을 향한 길임을 알면서도 익숙한 관성이 나를 잘 놓아주지 않았다. "그래요! 난 실상 생각은 많은데 아무것도 안 하는 잉여입니다. 겉으론 아닌 척하지만 속으론 늘 비교하며 사느라 힘들고, 동시에 은밀히 무시하고, 과거에 파묻혀 사는 사람임을 공식적으로 밝힙니다!" 이 말이 뭐라고.

내가 이 영화를 동경하고 늘 곁에 두는 이유는 아마 그런 것일 것이다. 나와 같은 곳에서 시작한 그녀가 결국 어떤 바위에 오르기 시작하고, 끝끝내 신의 다리에 도착했다는 사실. 나는 아직 그 자리에 있지만, 그녀를 보며 나도 언젠가 모든 것을 인정한 후 어떤 바위에 오르고 마침내 신의 다리에 도착할 수 있다는 희망. 셰릴 스트레이드가 PCT의 종착점에서 마주한 것이 '다리'였다는 건 아무래도 우연이 아니다. 그녀는 자신을 인정하고 나아감으로써 과거와 현재, 그리고 달라질 미래의 자기 자신을 스스로 이었다.

지난 10년의 나를 고백하고 인정하기 위해 오늘 내가 허용한 공간은 이 좁은 지면의 아주 일부분이었지만, 셰릴 스트레이드는 오늘도 나에게 말한다. "일출과 일몰은 매일 있으니까, 네가 맘만 먹으면 볼 수 있어. 너도 아름다움의 길에 들어설 수 있어."

– **개봉** 2016년
– **감독** 엄태화
– **출연** 강동원, 신은수, 이효제

근래에 사랑에 대해 생각하다 '사랑'이 아닌 것을 보고 '사랑'에 대해 깨닫게 된 두 가지 일이 있었다. 어머니 생신 때였다. 깜짝 이벤트를 좋아하는 엄마를 위해 생신 한 달 전부터 무얼 할까 고민하던 차에, 매일 지나치던 동네 현수막 간판대가 다르게 보였다. 이거다 싶었다. 지하철역 앞에 엄마의 생신을 축하하는 현수막을 걸자! 'ㅇㅇ시 ㅇㅇ동 최고 미녀 ㅇㅇㅇ, 또아 엄마의 59번째 생신을 축하합니다!'라는 현수막을 보면 엄마가 얼마나 좋아할까. 엄마의 모습이 눈에 선했고, 번뜩이는 아이디어를 생각해 낸 스스로에게 '역시, 나야' 싶어서 우쭐하기까지 했다.

그런데 준비하려고 보니 생각보다 품이 많이 들었다. 원한다고 뚝딱 현수막이 나오는 게 아니었기 때문이다. 현수막은 어디에 전화를 걸어서 게첩(揭帖) 허가를 받아야 하는 것인지, 사이즈는 몇으로 해야 하는지, 주문은 어디서 하는 게 좋을지 등 시간을 쏟아 정해야 할 게 한두 가지가 아니었다.

두 번째 일은 여느 날과 똑같이 퇴근하고 돌아온 집에서 일어났다. 회사에선 내가 듣고 싶은 것만 들을 수 없고 하고 싶은 말만 할 수 없으니 12시간 내내 소음 공해 모드에 있는 느낌이라, 집에 오면 어떤 방해도 받고 싶지 않아지는데, 이런 상황 때문에 발생하는 나의 무차별한 짜증과 퉁명함을 가장 많이 받아 내는 사람은 역시나 엄마였다. 친구를 만나지 않는 이상 누군가와 대화할 일이 많이 없는 그녀가 유일하게 많이 말하고 싶은 순간과 하루 종일 공해 속에 있던 내가 유일하게 조용해지고 싶은 순간은 늘 겹치기 일쑤고, 그녀와 나의 세계는 이렇게 정반대 방향을 바라볼 때 마주하게 되어 나는 자주 선택의 기로에 놓이곤 했던 것이다. 그날은 특히나 심심한 하루를 보냈는지 엄마는 반려견이 역대급으로 많이 싼 오줌 이야기부터, 매일 똑같은 이야기를 반복하는 친구 이야기까지 끊임없이 당신의 하루를 쏟아냈다. 마음 한편으로는 시간을 내어 엄마의 이야기를 들어줄까 싶었지만 내 머리엔 이미 '피곤해, 피곤해, 피곤해'라는 생각만 가득차서 아무 이야기도 귀에 들어오지 않았다.

나는 위의 두 상황에서 결국 나의 시간을 쓰지 않기로 결정했다. 엄마의 생신 때는 현수막을 하지 못했고, 엄마가 미주알고주알 떠들고 싶었던 날에도 그녀의 이야기에 귀를 기울이지 않았다. '현생'에 치이고 있다는 핑계에 현수막을 알아볼 시간도, 엄마의 이야기를 들어줄 시간도 낼 수 없었던 것이다. 엄마 생신 때는 결국 하루 전날까지도 아무것도 준비하지 못해서 당일에 100만 원을 용돈으로 드리고 마무리했으며, 퇴근 후에는 퉁명스러운 "응, 응, 어, 나 좀 쉴게."로 일관하고 방문을 닫아 버렸다.

'사랑'에 대한 깨달음을 준 '사랑'이 아닌 것은 아이러니하게도 바로 내 자신이었다. 사랑하는 엄마를 위해 시간을 내지 못한 나의 모습 말이다. 바쁘다는 핑계로 시간을 내지 못해 돈으로 엄마의 생신을 때우고, 피곤하다는 핑계로 시간을 내지 못해 하루에 30분도 엄마와 제대로 대화하지 않는 나를 보면서 이런 생각이 들었다. '아, 누군가를 위해 시간을 낸다는 것이 정말 쉬운 일이 아니구나… 이런 상황 속에서도 누군가를 위해 시간을 내는 것이야말로 사랑이 보이는 순간이구나…' 바로 내 처지와 상관없이 타인을 위해 시간을 낸다는 행위가 사랑이라는 것을 깨닫게 된 것이다.

'사랑'에 대한 생각이 여기까지 이르게 된 것은 며칠 전 뒤늦게 찾아본 영화 〈가려진 시간〉 덕분이었다. 영화 속 초등학생 주인공인 '수린'과 '성민'은 마음을 터놓을 수 있는, 서로에게 유일한 존재다. 전학 온 학교에 잘 적응하지 못하는 수린이와 보육원에서 자란 성민이는 의외로 공통점이 많았기 때문이다. 어느 날 둘은 공사장 발파 현장을 구경하기 위해 친구들과 산으로 들어갔다가 한 동굴 속에서 빛나는 알을 발견하게 된다. 알을 들고 나온 성민이와 친구들은 호기심에 그 알을 깨보기로 결심하고, 성민이가 알을 바닥에 힘껏 내리친다. 그 순간 알 근처에 있던 성민이와 그의 친구 두 명만 모든 것이 정지된 세계에 살게 된다. 더 이상 밤도 오지 않고, 파도도 치지 않고, 지나가던 사람들도 움직이던 마지막 모습 그대로 멈춰 있는 세계에 말이다.

그렇게 세 명만 움직이는 세계의 시간은 얼마나 흘렀을까. 이제 성인의 모습을 한 성민이는 여전히 모든 게 움직이지 않는 세상에 갇혀 있지만, 그는 같이 이 세계로 빨려 들어온 친구 둘을 잃은 상태다. 재욱이는 평소 앓고 있던 천식 때문에 일찍이 하늘나라로 가게 됐고, 거의 마지막까지 모든 순간을 함께한 태식이는 평생 이 멈춰진 세상에 갇혀 있을지도 모른다는 절망감에 결국 자살을 선택하고 만다. 성민은 바다에 몸을 던진 태식이를 따라 생을 마감하려 하지만

당신의 세계는 안녕한가요

그 순간 시간이 다시 움직이게 되고, 성민이는 성인의 몸을 한 채로 시간이 멈추었던 그 세계로 다시 돌아오게 된다.

내가 본 〈가려진 시간〉 속 세계의 사람은 두 가지로 분류됐다. 성민이를 이해하고자 시간을 쏟으려는 사람과 그렇지 않으려는 사람. 영화 속 수많은 사람 중 자신의 시간을 쏟아 성민이의 말을 들어주려는 사람은 단 한 사람, 수린이밖에 없었다. 수린이는 산 속에 들어갔다 유일하게 살아 돌아온 본인을 이상하게 보는 마을 주민들과 매일 같이 자신을 취조하려 드는 경찰의 공세에도 불구하고 성민이를 위해 기꺼이 자신의 시간을 내주었다. 수린이는 밤낮을 가리지 않고 성민이가 멈춰진 시간 속에서 10여 년을 넘게 써 온 비밀 노트를 분석하며 사람들이 어떻게 하면 이 사람이 성민이라는 걸 믿어줄까 함께 고민하고 아파했다. 성민이의 유일한 친구가 되어 준 것이다.

성민이 또한 시간을 쏟으려는 사람이었다. 바로 수린이에게 말이다. 그들은 나중에 시간을 멈출 수 있는 또 다른 알이 있다는 것을 알게 되는데, 수린이는 그 알을 깨서 사람들에게 시간이 멈출 수 있다는 걸 보여 줌으로써 성민이의 말이 진짜임을 증명하자고 말한다. 하지만 성민이는 수린이에게 절대 그 알을 깨면 안 된다고 설득한다. 멈춰진 시간 속에서 언제 다시 시간이 움직일지 모르는 채 지내는 게 얼마나 고통스럽고 무서운 일인지 이미 알고 있기 때문이었다.

영화에 직접적으로 등장하지는 않지만 영화 후반부에서 성민이는 결국 그 알을 다시 한 번 깨고 만다. 수린이가 절벽에서 떨어져 죽을지도 모르는 처지에 놓이게 되자, 성민이는 혼자 알을 깨 세상을 멈춘 후 그녀를 구하고 홀로 정지된 시간 속에 갇히기를 자처한 것이다. 그 끝없는 밤의 시간을 오로지 홀로 보내야 한다는 걸 알면서도, 언제 다시 움직이는 수린이를 만나게 될지 영영 알 수 없다는 걸 알면서도 성민이는 알을 깨버렸다. 성민이는 혼자 얼마나 많은 시간을 보낸 후에야 다시 수린이를 만날 수 있을까? 성민이는 결국 수린이를 만났을까?

내게 〈가려진 시간〉은 아이들의 실종을 다룬 스릴러 영화도, 시간 정지를 다룬 SF 판타지 영화도 아닌 사랑 영화다. 이 영화가 그렇게 다가온 이유는 별다른 이유가 있어서는 아닐 것이다. 나는 성민이가 수린이를 살리기 위해 망설임 없이 정지된 세계로 들어가 혼자 영겁의 시간을 보내기로 자처하는 행위에서, 무엇보다 크고 완벽한 사랑을 발견했다. 그것은 인간이 타인을 위해 할 수 있는 무엇보다 큰 사랑의 표현이었다.

그래서 나는 '그럼에도 불구하고' 시간을 내어 준다는 게 사랑하는 일임을 깨달았다. 시간을 내어 주는 일은 생명을 내어주는 일이다. 인간은 시간을 보냄으로써 죽음과 가까워져서, 시간을 내어 준다는 건 필연적으로 내 생명을 내어 줄 만큼 누군가를 사랑해야만 시작할 수 있는 일인 것 같기 때문이다. 내 처지와 상관없이 시간을 내어 주는 일은 그래서 더더욱 사랑일 수밖에 없다. 그렇기에 〈가려진 시간〉은 내게 사랑 영화이고, 성민은 수린이를 위해 무한의 시간을 내어 주었던 사람, 그만큼 수린이를 사랑한 사람으로 기억된다.

시간은 어쩌면 그냥 보내거나 흘리는 게 아니라 누군가에게 있는 힘껏 던져야 한다고 생각할 만큼 그것을 쓰는데 각오가 필요한 것일지도 모르겠다. 성민이와 수린이가 서로를 지키기 위해 보여 주었던 각오가 그들의 시간에 새겨졌던 것처럼 말이다.

나는 오늘도 누구를 위해, 그리고 무엇을 위해 나의 생명을 내어 주고 있는지 생각해 본다. 혹 누군가는 나를 위해 그런 기적의 시간을 그물처럼 나에게 던지고 있는지도 모르겠다. 이런 생각을 하면서도 내년 엄마 생신 때 똑같은 일이 일어날 수도 있겠다. 매일 저녁 엄마를 실망시킬지도 모른다.

하지만 적어도 그렇게 소중한 시간의 의미가 가려지지 않도록 늘 생각하며 살겠다고 다짐한다. 그럼에도 불구하고 타인에게 나의 시간을 내어 준다는 것, 이것은 사랑이라는 것을 말이다.

# PART VI.

## 당신의 세계

'PART VI. 당신의 세계'는 이 책의 독자를 위한 장(章)입니다.
여러분의 '인생 영화'에 대해 이야기해 주세요.
<퇴근길 씨네마>에 글을 보내 주시면 낭독해 드립니다.
cinemawayhome@gmail.com으로 보내 주세요.

당신의 세계는 안녕한가요

당신의 세계는 안녕한가요

당신의 세계는 안녕한가요

당신의 세계는 안녕한가요

당신의 세계는 안녕한가요

대장정이 끝났다.

2021년 여름부터 논의하던 출판이 이제야 빛을 보았으니 어언 2년간의 여정이 끝난 셈이다. 여기까지 읽어 주신 독자분들에겐 죄송한 말일 수도 있지만, '시원섭섭'에서 섭섭은 없고 시원함만 있다. 글쓰기라는 창작의 고통에서 어서 빨리 벗어날 생각을 하니 '해방'이라는 말은 이럴 때 쓰는 거구나 싶을 정도다.

생각해 보면 정말 무모한 도전이었다. 글재주가 있는 사람도 마음잡고 글 쓰는 게 어려운데, 글재주 없는 사람이 다섯이나 모여 글을 쓰고, 출판까지 하게 된 것이다. 심지어 우리끼리 갹출해서 만드는 소장용 제본도 아닌, 서점에 가면 떡하니 자리 잡고 있는 그런 책 집필 말이다.

지난 과정을 복기해 보면, 글을 쓴다는 것—정확히 말하면 아무런 아이디어가 떠오르지 않아도 무언가 쥐어짜내야 하고, 물러설 곳 없는 데드라인 앞에서는 쓰레기 같은 초고라도 내놓아야 한다는 것—은 수많은 감정과 싸우고 그것을 오롯이 받아 내는 일이었다. 신난다, 즐겁다, 짜증 난다, 지겹다, 답답하다, 골치 아프다, 후련하다…. 여러 감정과 싸우다가 그것을 인정하는 시기가 오면 잠시 마음이 가라앉는데, 그러다 다시 자리에 앉아 컴퓨터를 켜면 어떤 날은 글이 술술 써지기도 하고, 또다시 망망대해 같은 생각의 늪에 빠지기도 했다. 글을 쓴다는 게 이렇게 고통스러운 과정이었다니…. 정말 세상에 쉬운 건 단 하나도 없구나 싶었다.

끝내 놓고 보니 '시원'한 마음과 함께 도망가고 싶은 마음이 들기도 한다. 정말 멋진 글을 써야겠다는 야망은 진작 버렸지만, '이 시대를 살아가는 인간으로서 적어도 종이를 버리는 일은 하지 말아야 할 텐데…'라고 생각했기 때문이다. 여전히 우리가 그 정도 의무를 다했는지는 모르겠으나, 지금 여기까지 이 글을 읽어 주고 계신 독자가 한 분이라도 계시다면, 도망가고 싶은 마음은 이 종이에 남겨 두고 조금은 가벼운 마음으로 책을 덮을 수 있을 것 같다.


'당신의 세계는 안녕한가요'

인간은 내 세계의 안녕을 탐구하기 위해 타인에게 비슷한 질문을 던지곤 한다. 우리도 마찬가지다. 우리는 영화라는 매체를 통해 자신의 세계를 탐구하고 탐독하는 사람들이며, 그 작업을 더 잘 해내기 위해 이 책을 썼고, 결국 타인인 독자들에게 비슷한 질문을 던지게 됐다. 결코 '내 세계는 안녕합니다'라는 답을 듣기 위해 던진 질문이 아니다. 이 책의 제목은 이런 이유로 탄생했다.

하지만 굳이 욕심을 부린다면 우리가 던진 이 질문이 정말 집필자의 이익에만 머무는 화두가 아니었기를 바란다. 우리가 이 질문을 통해 존재의 긍정을 성취했듯이, 누군가도 그것을 통해 자신의 삶에 대해 또 다른 질문을 던지고 반추할 수 있는 계기를 가질 수 있다면 더할 나위 없이 좋겠다.

이 소리 없는 질문의 아우성으로 당신의 헝클어진 이야기를 소환하고 싶다. 안녕하지 않은 이야기가 여기 있음을 인정함으로써 당신의 세계가 안녕할 수 있는 길을 찾을 수 있기를.

자, 여기까지 썼으니 이제 '해방'이라는 말을 진짜로 써도 될 것 같다.

정말 홀가분한 마음만을 안고, 안녕!

또아

# 당신의 세계는 안녕한가요

헝클어진 인생에 자그마한 별이 된 영화들

1판 1쇄 발행    2023년 6월 26일

| | |
|---|---|
| **지은이** | 류과·로사·소피·왈라비·또아 |
| **펴낸이** | 이민선 |
| **편집** | 홍성광 |
| **디자인** | 박은정 |
| **홍보** | 신단하 |
| **지원** | 이해진 |
| **제작** | 호호히히주니 아빠 |
| **인쇄** | 신성토탈시스템 |

| | |
|---|---|
| **펴낸곳** | 틈새책방 |
| **등록** | 2016년 9월 29일 (제25100-2016-000085) |
| **주소** | 08355 서울특별시 구로구 개봉로1길 170, 101-1305 |
| **전화** | 02-6397-9452 |
| **팩스** | 02-6000-9452 |
| **홈페이지** | www.teumsaebooks.com |
| **인스타그램** | @teumsaebooks |
| **페이스북** | www.facebook.com/teumsaebook |
| **포스트** | m.post.naver.com/teumsaebooks |
| **유듀브** | www.youtube.com/틈새책방 |
| **전자우편** | teumsaebooks@gmail.com |

ⓒ 류과·로사·소피·왈라비·또아, 2023

ISBN  979-11-88949-50-2  03680

※ 이 책 내용의 전부 또는 일부를 재사용하려면 반드시 저작권자와 틈새책방 양측의 서면 동의를 받아야 합니다.

※ 책값은 뒤표지에 표시되어 있습니다.

※ 파본은 구입한 곳에서 교환해 드립니다.